U0437074

酷威文化

神奇的
趣味科学小故事

1分钟科学

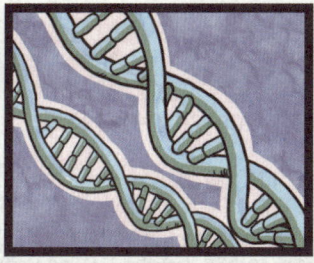

[韩] 李宰范 著
[韩] 崔峻硕 绘
罗晓菁 译

1 Minute Science

黑龙江少年儿童出版社

登记号：黑版贸登字 08-2022-034 号

图书在版编目（CIP）数据

1分钟科学 /（韩）李宰范著；（韩）崔峻硕绘；罗晓菁译. -- 哈尔滨：黑龙江少年儿童出版社, 2022.11
ISBN 978-7-5319-7872-5

Ⅰ.①1… Ⅱ.①李… ②崔… ③罗… Ⅲ.①科学知识—普及读物 Ⅳ.①Z228

中国版本图书馆 CIP 数据核字 (2022) 第 173433 号

1 분 과학 (ONE MINUTE SCIENCE)
Text Copyright © 2020 by 이재범 (LEE JAEBEOM / 李宰范)
Illustration Copyright © 2020 by 최준석 (CHOI JUNSEOK / 崔峻硕)
All rights reserved.
Original Korean edition published by Wisdom House, Inc.
Simplified Chinese copyright © 2022 by Jiangsu Kuwei Culture Development Co., Ltd.
Simplified Chinese language edition arranged with Wisdom House, Inc. through Rightol Media Limited（本书中文简体版权经由锐拓传媒取得）

1分钟科学
YI FENZHONG KEXUE
[韩] 李宰范 著 [韩] 崔峻硕 绘 罗晓菁 译

出 版 人：	张 磊
责任编辑：	刘 嘉
设计制作：	卷峡设计
出版发行：	黑龙江少年儿童出版社
	（黑龙江省哈尔滨市南岗区宣庆小区 8 号楼 150090）
网 址：	www.lsbook.com.cn
经 销：	全国新华书店
印 装：	天津鑫旭阳印刷有限公司
开 本：	880 mm × 1230 mm 1/32
印 张：	9
字 数：	140 千字
书 号：	ISBN 978-7-5319-7872-5
版 次：	2022 年 11 月第 1 版
印 次：	2022 年 11 月第 1 次印刷
定 价：	49.80 元

版权所有·侵权必究

> 序言

富有趣味的现实——科学

2016年"1分钟科学"频道开通后,《科学小故事》节目正式播出。后来,《科学小故事》被画成了网络漫画,如今还出版了书籍。创设"1分钟科学"频道的初衷,是我认为了解那些原本仅有科学家和专业人士掌握的科学知识对普通人来说至关重要。在我最初体会到科学的奇妙之处时,内心受到了不小的冲击,甚至还感叹道:"这么重要的知识,为什么无人知晓呢?"科学就如同洞穴中的一束光,照亮了黑暗。

然而,我的这些想法并没有合适的传播途径。即便是和饭桌上的朋友说:"啊,就是说你的基因……"或者和正在做家务的母亲说:"妈妈,智人就是……"他们都没有耐心听,也不愿意听。事实上,我曾经尝试着和朋友讲过一次,结果刚一开口,大家就一副生无可恋的表情,我只能作罢。之后,我开始尝试将科学故事制作成视频,通过这样的方式传播给大众。之所以将这个频道命名为"1分钟科学",是因为我认为这种不到两分钟的短视频不会给大家留下科学故事非常无聊、冗长的印象。在视频中插入背景音乐,让整条视频如同说唱一般,轻松地讲述科学故事,这就是该频道的风格。然而时至今日,这个频道内大部分视频的时长超过了10分钟,所以粉丝们经常留言表示"1分钟科学"中的"1分钟"似乎和"我"的"1分钟"

时长不太一样。是的，时间是虚幻的，而且是相对的概念。

在制作视频的过程中，我真切地感受到时间的相对性。编故事大约要花两周的时间，如果一整天都埋头苦干的话，录音和剪辑需要花两天时间。相对论正适用于这种时刻。写故事所需的两周如同两个小时一般，很快就过去了。相反，剪辑所需的两天却如同两亿个小时一般漫长难熬，有时让我觉得自己可能掉进了黑洞。说到掉进黑洞这个话题，令我想起了过去发生的几件哭笑不得的糗事。刚开始做视频时，我都是在房间的衣柜前录音，因为厚重的衣物有很好的吸音效果。然而，有一天我正饶有兴致地录制视频，我在衣柜前大声嚷嚷了很久，刚打算休息一下，回头一看，发现我的房门居然是敞开的，而且家人们都坐在客厅内。当时，我真是羞愧得无地自容。也不知道母亲当时会不会想："哎呀，送儿子去留学，他怎么变成这样？"最近我在阳台上关好门以后才录音，但是在阳台上录音又出现了新的问题。当时，《时间的幻象》这一期节目很受欢迎，但是视频从头至尾都有"刺刺"的噪声，甚至还有人把噪声当成了背景音乐。这些噪声其实是雨水的声音。因为那会儿正值梅雨季节，所以整整12分钟，从阳台上传出的雨声被完整地录了下来。以上这些无厘头的故事，各位听起来可能觉得有点儿可笑，但我却感到心满意足。尽管没有像样的场地和昂贵的设备，我依然如愿向大家传递了科学知识，这不正是一种成功吗？这样看来，成功也是相对的，不是吗？

美国作家保罗·霍肯说过："如果天上的星星千年才出现一次，那么每当星星出现的日子，人们大概会翘首仰望星空，如痴如醉。但是，星星每天都在夜空中闪烁，人们就只是在电视里看一看罢了。"无论多么新奇、重要的事物，人们如果见得多了，就不愿意去了解它了。当我在人们面前谈论科学故事的时候，比起科学故事本身，人们似乎觉得沉迷科学的我更令人感到新奇，并且无法理解科学的重要性和趣味性。此时，最常听到的回答就是"因为现实，所以对这种东西不感兴趣"。

然而"现实"究竟是什么？金钱？美差？真要追究起来，所谓的"现实"不过是脑海中的幻象。况且，这种"现实"会随着时代和环境的更迭不断发生变化。对于20万年前地球上的智人而言，钱不过是有颜色的纸，混凝土建筑根本不存在。在20万年后的未来，又有哪些东西被称为"现实",我们不得而知。无论是20万年前还是20万年后,引力都是持续存在的。对我而言,比起随时随地会发生变化的事物,那些亘古不变的东西才是真正的现实。

因此,我学习并了解那些名为科学的现实。我相信当人们真正学习科学知识以后,对世界会有不一样的见解。我期待有朝一日看到地球上所有的人仰望天空,沉浸其中的模样。

幸运的是,网络上有许多朋友也沉醉于科学的魅力之中,因此该书才得以问世。

在此,感谢将我的视频绘制成漫画的画家崔峻硕,同时也向出版社的诸位工作人员献上诚挚的谢意。为了能顺利出版这本书,相关工作人员不断敦促懒散拖沓的我,付出了很多心血。

最后,真心希望通过这本书,各位读者能在科学中感受到乐趣。

"1分钟科学"李宰范 敬上
2020年8月

目录

1. 牛奶：喝牛奶真的有益健康吗？……………1
2. 运动：为了大脑，现在开始运动吧！………21
3. 喵喵：当猫和人类搭讪时………………39
4. 咖啡：消除疲劳的20分钟所蕴含的原理……51
5. SNS：威胁我们大脑的智能手机…………67
6. 眼睛：人类眼睛的惊人进化史……………89

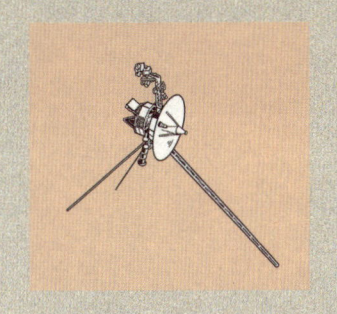

7. 地球：暗淡蓝点的传说……………………109

8. 灰尘：空气中隐藏的有害物质…………133

9. 基因：为什么女性寿命比男性长？……147

10. 端粒：龙虾向我们传授的长寿秘诀……195

11. 压力：压力百害而无一利吗？…………213

12. 时间：时间流逝的幻象 …………………241

牛奶：
喝牛奶真的有益健康吗？

喝牛奶真的有益健康吗？

电视里，人人将牛奶奉为佳品。

无数的广告，

甚至赋予牛奶"白色补品"的称号。

这些真的得到科学验证了吗？

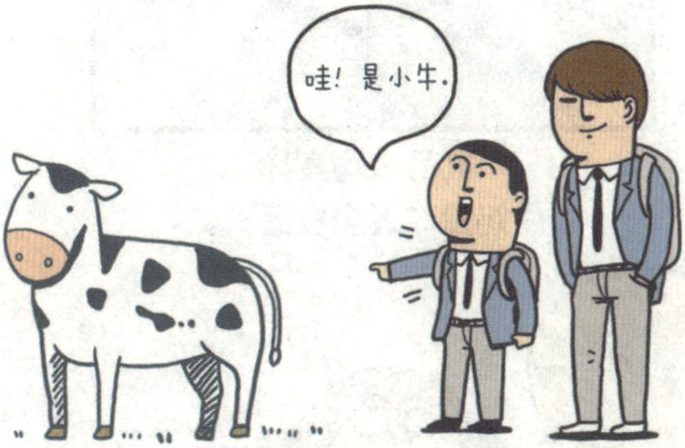

还是只因看到一头小牛犊不过一年的时间就长大了，

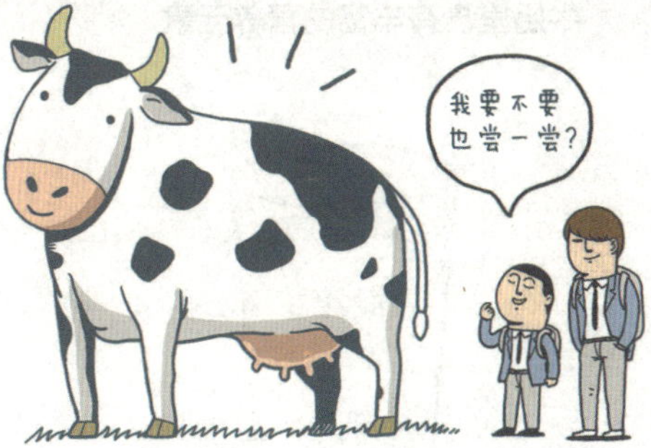

才产生了这样的想法？

乳品公司宣称
牛奶是"理想食品"。

只是因为……

牛奶里含有丰富的营养元素,

蛋白质、脂肪、碳水化合物、维生素、矿物质……

牛奶富含100多种营养元素。

所以一定要多喝点儿。

可是我只要一喝牛奶,就会拉肚子……

对我们来说重要的是,当大量的营养素进入体内时,会给人体带来哪些影响。

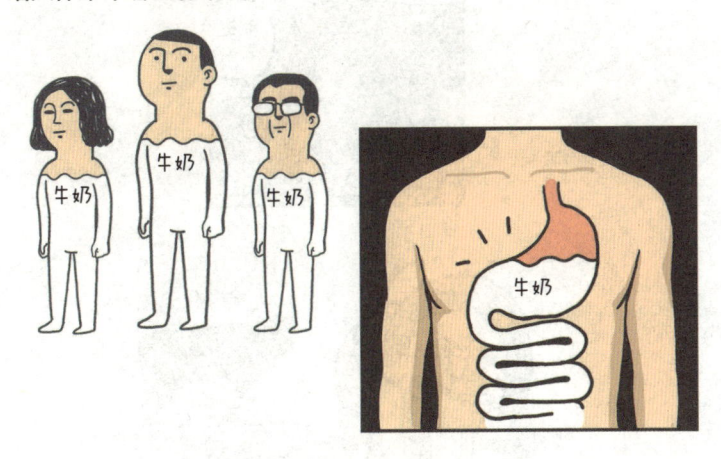

结果是十分令人震惊的!

在远古,有人类喝过牛乳。

但是对成年人来说,动物的乳汁如同毒素。

因为成年人和孩子不同。

然而，伴随着农业革命的到来，人类开始定居，饲养家畜。

人们通过发酵等工序，成功减少了牛奶中乳糖的含量，研制出了奶酪和酸奶。

在此后的许多年里,人类一直只食用奶酪和酸奶。

直到大约7500年前,出现了一群奇特的人类,即使成年之后,他们也能消化牛乳。

在食物匮乏、气候寒冷的北欧地区,

人类为了生存，进化出消化牛乳的特殊能力。

只靠送礼物，挣的钱可不够啊。

圣诞老人牧场

牛奶　牛奶

就这样，基因突变从欧洲开始向全世界蔓延。

据调查，在欧洲大约有80%的人携带该变异基因，而亚洲和非洲，仅有约20%的人携带该变异基因。

那么，在食物比较充足的现代社会，饮用牛奶会给人们带来怎样的影响呢？

瑞典的乌普萨拉大学对10万人进行了调查。

根据牛奶的消费量，观察这些人20年间的健康状况。

20年后，

嗯……所以说，牛奶的摄入量……

牛奶的摄入量平均每天增加一杯，

死亡率增加15%！

嗯……看来牛奶中含有的半乳糖正是死亡率增加的原因。

半乳糖

一项研究表明，注射了半乳糖的动物，由于炎症和氧化应激反应，会导致早衰和寿命缩短。

牛奶的问题还不止于此。

……

牛奶

问题儿童

这些我们认为理所当然的事情，其实可能是有问题的。

调查表明，大量饮用牛奶会增加发生骨折的风险。

在全世界范围内，牛奶消费量越高的国家，骨折患者的数量越多。①

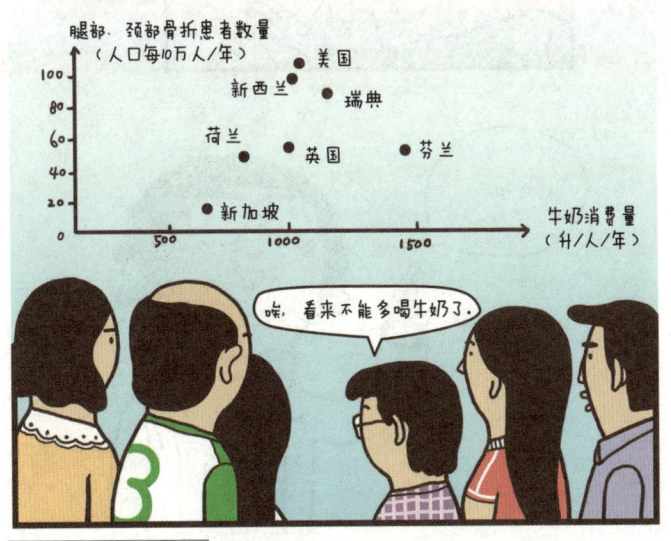

---

① 研究人员表明，获得这一结果可能是巧合，有必要做进一步的研究。

你也许会产生这样的疑问。

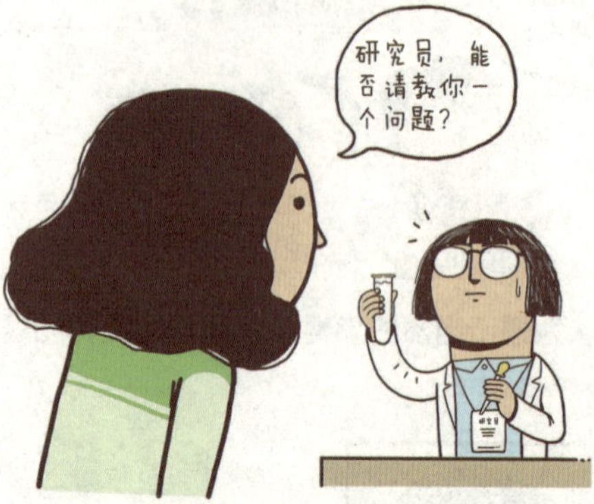

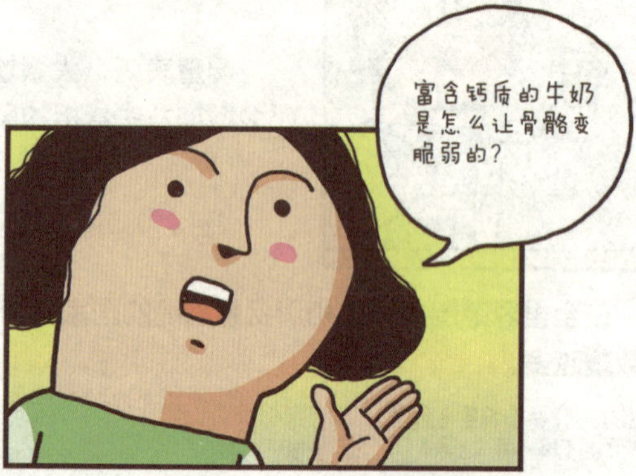

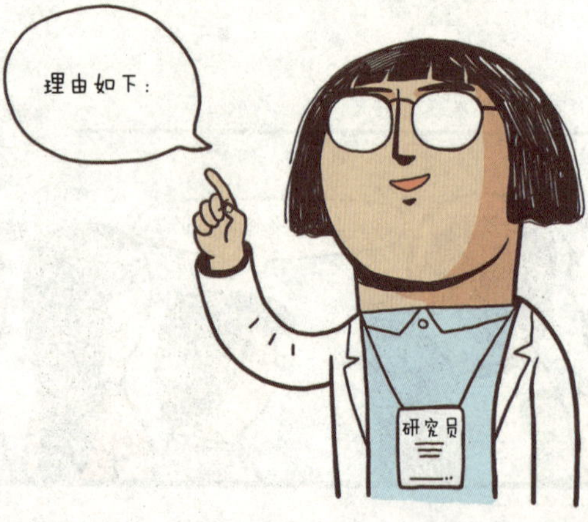

跟一般的动物性蛋白质一样，牛奶进入人体后，会增加人体内的酸度，因此我们大量喝牛奶，就会使体内的酸度维持在较高水平。

人体为了降低酸度，就会使用能有效中和酸度的钙，而在人体中，钙主要存在于骨骼中。

骨骼中的钙用于中和牛奶的酸性，持续饮用牛奶就会出现骨骼中的钙缺乏这一现象。

要证明"喝牛奶可以强化骨骼"其实很难!

幸运的是,食用经过发酵而制成的奶酪和酸奶,就不会产生这个问题。

经常食用奶酪和酸奶的人发生骨折的风险大大降低。

另外,牛奶中含有的生长激素,诸如IGF-1等,原本是用于促进小牛生长的,但如果成人大量摄入的话,反而可能会为体内癌细胞的生长创造环境。

以下数据似乎验证了该结论。

此外，喝牛奶可能会引发便秘、胃酸、腹胀等问题，在临床上与青春痘、鼻窦炎、关节疼痛等存在相关性。

但是，结论究竟如何，目前还缺乏研究资料。

然而，迈克尔·波伦曾经这样说：

曾经有广告称吸烟有益健康。

直到几十年后,吸烟致死的人数大幅增加。

在此之前,人们并不知道吸烟有害健康。

虽然拿香烟和牛奶作比较或许不太合适。

但在确切的结论出来之前，

您点的饮品
可以来取啦！

嗡嗡嗡

也许美式咖啡比拿铁好。

完

2

运动：
为了大脑，现在开始运动吧！

现代社会，每个人都明白运动的重要性。

很多人对运动的结果抱有期待。

那就是减肥！

很遗憾，只依靠运动来减肥，效果并不明显。

当然，运动可以增肌，也可以改善身体对胰岛素的敏感度，对保持身体健康来说大有益处。

对于那些只运动,却不改变饮食习惯的人来说……

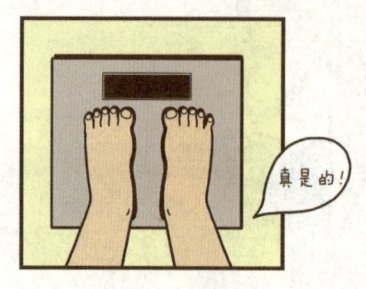

当人们看到始终没有变化的体重时,往往会深受打击。

我这么努力地运动,难道一点儿用都没有吗?那不运动也行喽?

最近，一些神经学家在讨论运动的重要性时，曾作过这样的比喻。

> 运动就如同一味有魔法的药剂，现存的任何一种药物都无法与之媲美。

神经学家→

运动可以帮助人们减肥和预防疾病，除此之外，其不可或缺的原因还有什么呢？

我们可以从运动和大脑的关系中找到答案。

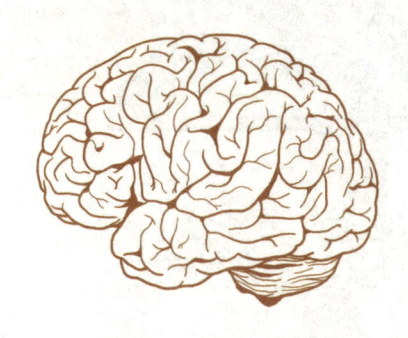

大脑存在的原因是什么呢?

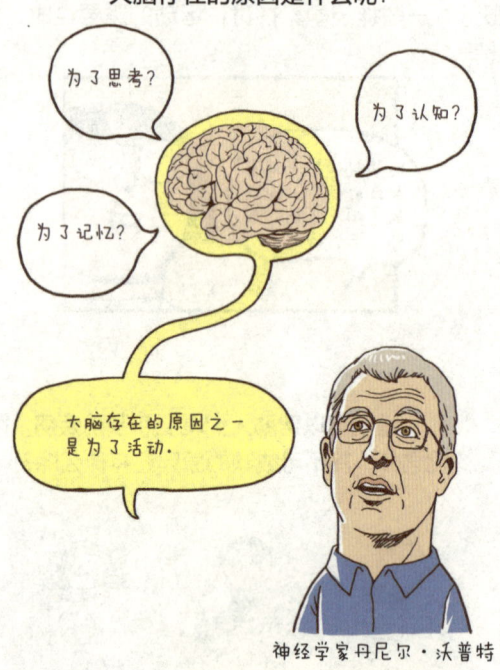

为了思考?

为了认知?

为了记忆?

大脑存在的原因之一是为了活动。

神经学家丹尼尔·沃普特

如果大脑活动只是为了认知、思考和记忆,

而对未来的活动不产生任何影响的话,那就会被认为是"不重要的功能",继而退化。

哦哦哦!

这句话是什么意思？我们拿海鞘举例。

我们以它为例。

海鞘

不会是什么冷笑话吧？

无脊椎动物海鞘，

我就是海鞘。

幼体时在海里游来游去，

海鞘幼体

到某一时期就会附着在岩石上。

当它们不再需要移动时,

生活真美好啊!

会做出匪夷所思的事情。

最近好像营养不良了。

为了补充营养,它们会吃掉自己的大脑和神经系统。

无脑虫?

对海鞘来说，一旦不需要移动，大脑就沦为"奢侈品"。

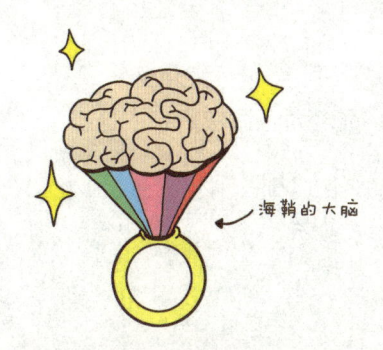

→ 海鞘的大脑

哺乳动物树袋熊的大脑体积只占颅脑内部的60%。

脑脊髓液占据40%

这意味着树袋熊的祖先比它们拥有体积更大的大脑。

当树袋熊逐渐习惯了不用活动身体，就能以啃食桉树叶为生后，大脑的体积就随着进化慢慢缩小。

只需要汲取营养，不需要体积庞大的大脑。

29

人类呢？人类拥有体积如此庞大的大脑，原因是什么呢？当然是为了生存。为了适应复杂的迁徙活动。

狩猎时代，活动就是为了生存。

> 无论如何都要活下去。

丛林法则

为了寻找食物，人们需要四处奔走。

> 这里只有我知道。

人们还得记住水果生长的地方，以便下次再来。

> 烦死了！遇到它，就得打道回府！

在狮子时常出没的地方，人们必须绕道而行。

人们需要预估猎物的行动速度和方向后再行动。

嗯，这是野牛的排泄物。

为了抓住工具，人们甚至需要更发达的指尖神经。

基于以上原因，人类需要拥有复杂且体积庞大的大脑。

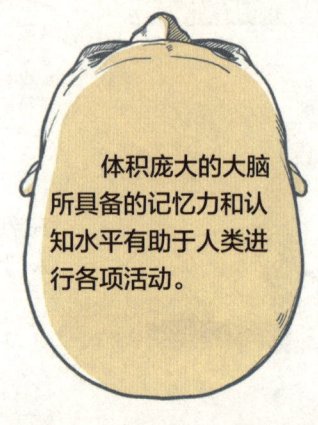

体积庞大的大脑所具备的记忆力和认知水平有助于人类进行各项活动。

以上列举的都是一些简单易懂的例子。即便是在很多专业领域已经战胜了人类的新型机器人，在控制动作方面，还不如一个五岁的孩子。

由此可知，对于人类来说复杂的大脑功能不可或缺。

运动的时候，大脑分泌出的大量物质

表明了运动与大脑具有相当密切的联系。

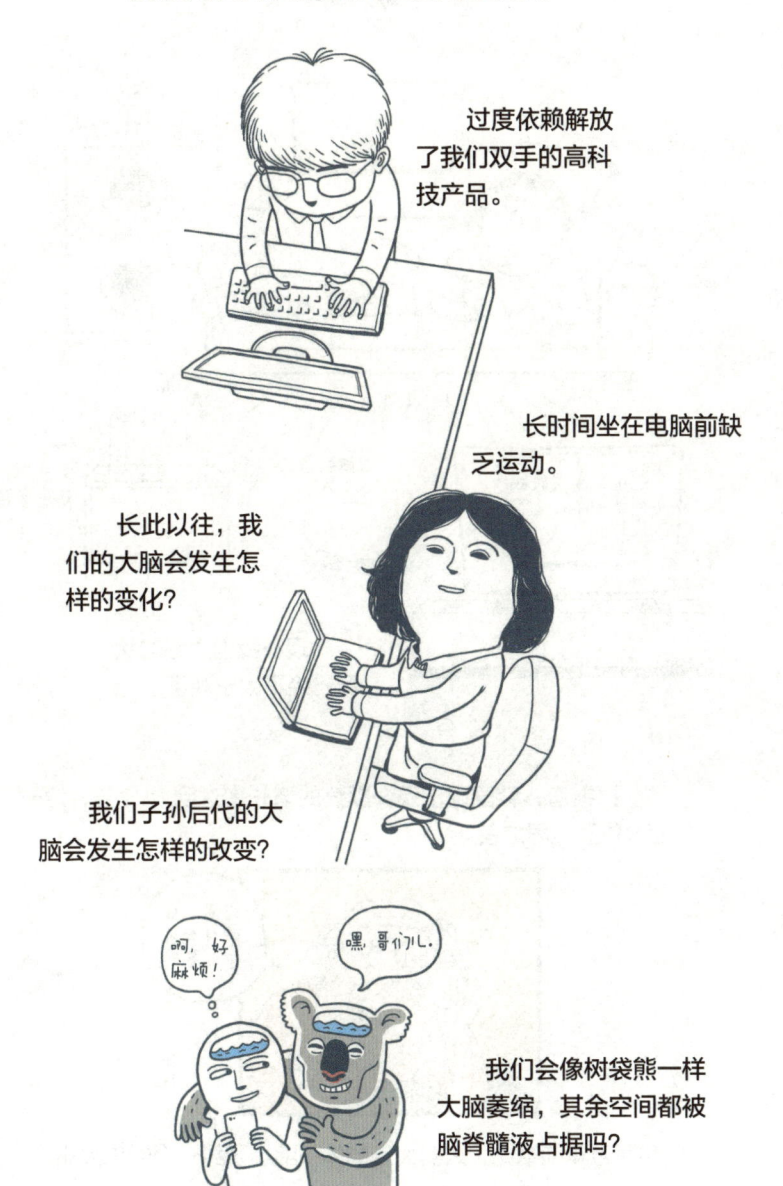

过度依赖解放了我们双手的高科技产品。

长时间坐在电脑前缺乏运动。

长此以往,我们的大脑会发生怎样的变化?

我们子孙后代的大脑会发生怎样的改变?

啊,好麻烦!

嘿,哥们儿。

我们会像树袋熊一样大脑萎缩,其余空间都被脑脊髓液占据吗?

实际上，

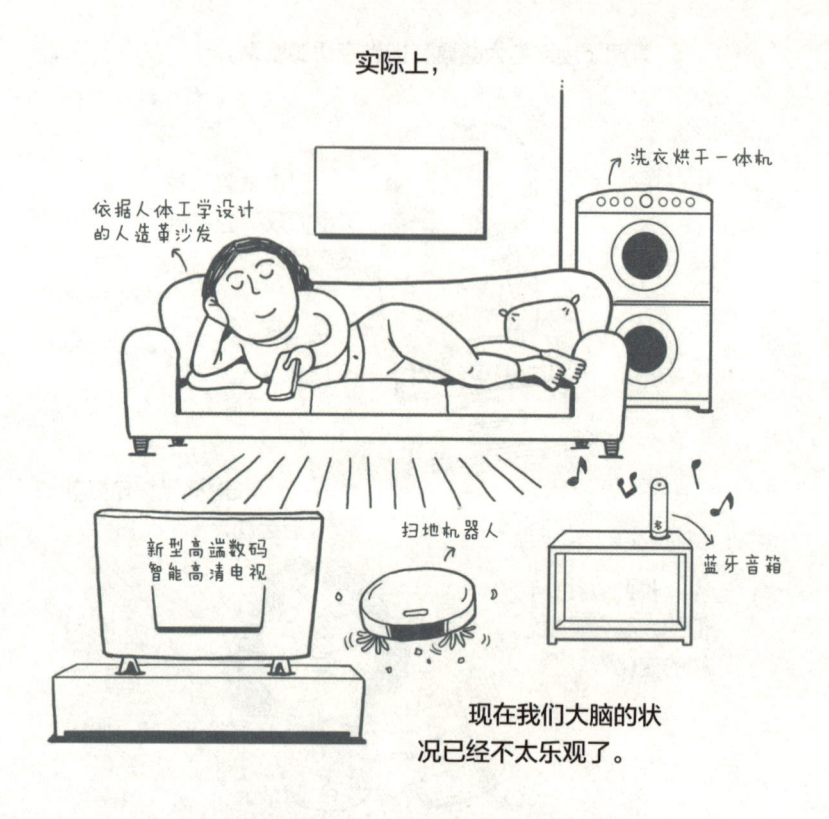

现在我们大脑的状况已经不太乐观了。

据报道，韩国阿尔茨海默病的增长率达到11.7%，增长速度位居世界之首。

和两万年前相比，人类大脑的体积缩小了约一个网球大小。

这是一个比起为了减肥,更应为了大脑而运动的时代。

我们也太低估运动的重要性了。

3

喵喵：
当猫和人类搭讪时

可爱的猫在呼唤我呢。

我们通常认为猫的叫声是这样的。

猫为什么要喵喵叫呢？

狗汪汪叫，鸡喔喔啼，猫喵喵叫！这不是理所当然的吗？

事实上猫的叫声种类十分丰富。

咕噜噜噜。

嘟噜嘟噜。

喵喵喵。

猫的叫声种类多样，

当我们说到猫的叫声时，

通常在汉语中用"喵喵"，英文中用"meow"特指猫的叫声。

事实上，野猫基本上不会这么叫。

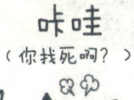

甚至连家养的猫在和它们的同类交流的时候，也不这么叫。

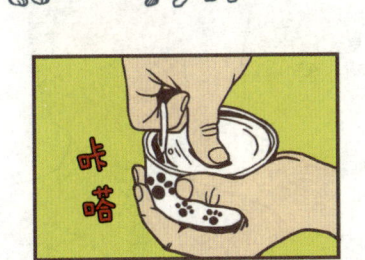

"喵喵"声通常是猫在和人类相处的时候发出的声音。

为什么猫在和人类相处的时候会发出"喵喵"的叫声呢?

喵喵

生物学家约翰·布拉德肖这样说过。

只要观察一下刚出生不久的猫,就知道答案了。

刚出生不久的猫,

发出这种声音会引起猫妈妈的注意。

当猫妈妈听到这种声音时，会立刻做出回应，安抚小猫。

随着幼崽逐渐长大……

猫妈妈对孩子的叫声变得麻木了。

小猫渐渐地不再向猫妈妈发出这种叫声了。

喵喵
（妈妈）

喵喵
（妈妈）

喵喵
（妈妈）

"喵喵"的叫声不过是小猫呼唤猫妈妈最有效的一种叫声罢了。

当人类开始在家里养猫时，

尽管猫已经成年，人类却依然为它们提供食物，照顾起居。

天哪 太棒了！

啪嗒

就这样，"人类妈妈"诞生了。

它们把人类当作母亲，

所以才会发出喵喵的叫声。

结论就是，相较于猫平时的叫声，

咔啊
（敢动一下试试！）

这样叫是为了引起人类妈妈的注意

而发出的特殊声音。

为什么很多猫只要看见我,就会发出"咔啊"的叫声呢?

哎呀,吓死我了。

咔啊

(你算老几,居然不上贡?)

完

4

咖啡：
消除疲劳的20分钟所蕴含的原理

今天你又勤劳地工作了一上午。

吃完午饭后，

很想美美地睡上一觉。

但是因为犯困就随意打盹儿的话……

就会发生悲剧!

午休时间都过去多久了?

天哪,是科长。

能够代替午睡的正是……

咖啡有提神功效。咖啡的提神功效与一种叫作腺苷的化学物质有关。

这种物质会让我们的身体感到疲惫。

忙得不可开交的职场！

金代理，我让你复印一下这份文件，你还要让我等多久？

什么？

好的好的，马上就好。

金代理，昨天让你写的资料什么时候才能交？

金代理，三点钟不是还要开会吗？

对，差点儿忘记了。

腺苷

哎呀，累死了。

当活动量过大，身体不堪重负时，大脑就会产生腺苷这种物质。

一旦腺苷和腺苷的受体相结合，我们的身体就会产生困倦感。

咖啡的主要成分咖啡因正巧和腺苷结构相似。

当我们喝咖啡时，进入体内的咖啡因会取代腺苷，进入腺苷受体，与腺苷受体完美结合。

咖啡因取代了原本让人感到疲劳的腺苷进入腺苷受体，

让身体不再感到疲劳。

但是，如果频繁地饮用咖啡，可能出现意想不到的情况。

咖啡因和腺苷受体相结合,导致腺苷无处可去。

为了容纳无处可去的腺苷,人体只好再生产出更多的腺苷受体,

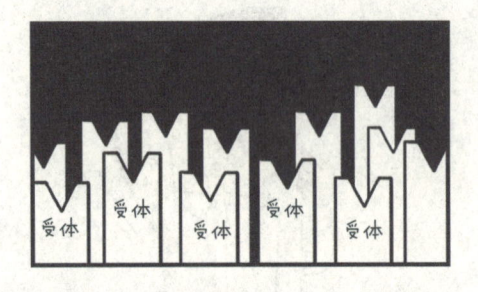

以阻止腺苷数量疯涨。

这时就需要更多的咖啡因。

专属于腺苷的腺苷受体，不得接纳咖啡因！

但身体已经对咖啡因产生了耐受性。

还是好困啊。

因此一些科学家强烈推荐"coffee nap"（即喝完咖啡后小睡一会儿）。

"Coffee nap"是由"coffee"(咖啡)和"nap"（午睡）组成的词汇。

咖啡

午睡

也就是说，喝完咖啡后，睡20至30分钟。

这是什么意思啊？

为了腺苷，我们新增了更多岗位。

腺苷新增岗位

80万受体席位

这样一来，新增的腺苷受体会再一次被"coffee nap"欺骗……

这又是什么原理？

怎么可能？

当我是傻瓜吗？

受体

那么咖啡因进入人体后，多长时间才能见效呢？

大约20至30分钟。

> 喝完咖啡，小睡一会儿，人体内就会发生这样的情况。

午睡时，人体会自然而然地消除疲劳。

腺苷数值自然也会降低。

趁着这个间隙，刚刚进入体内的咖啡因会寻找腺苷受体。

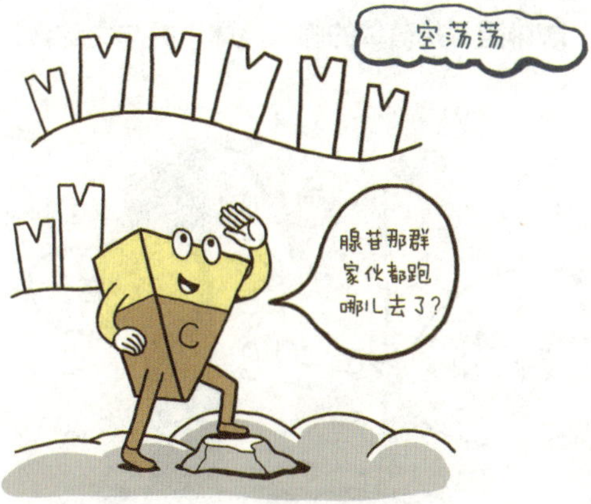
空荡荡
腺苷那群家伙都跑哪儿去了？

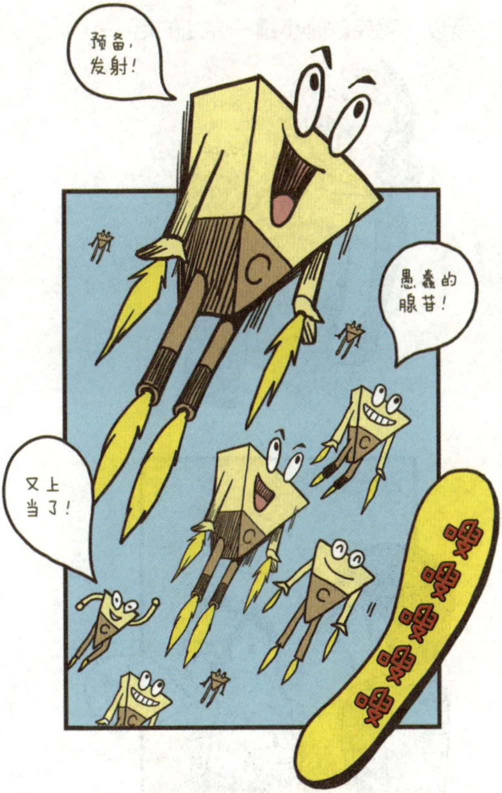
预备，发射！
愚蠢的腺苷！
又上当了！
嗖嗖嗖嗖嗖

咖啡因寻找落单的腺苷受体，并与之结合。

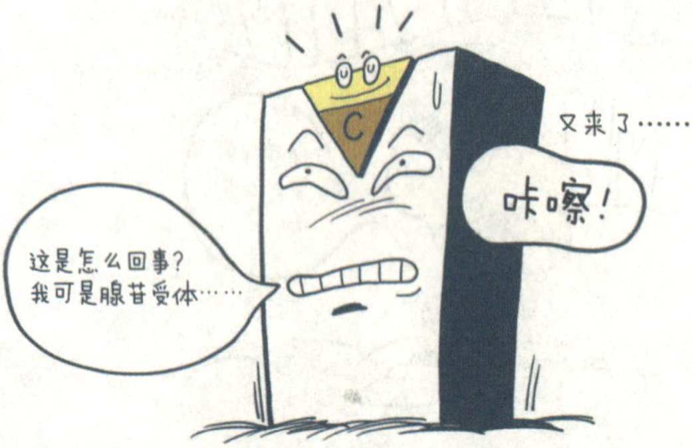

所以，喝完咖啡小睡一会儿的话……

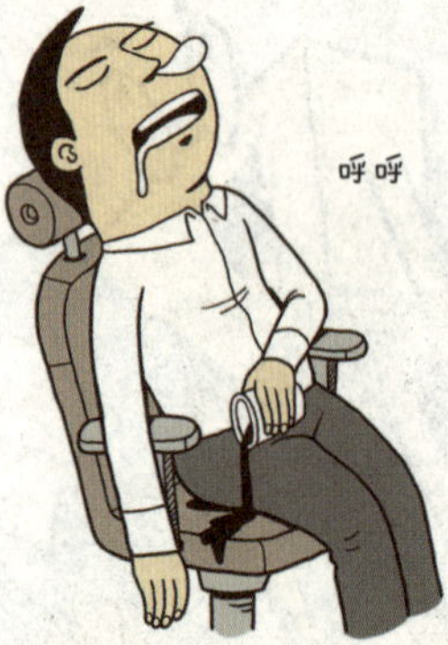

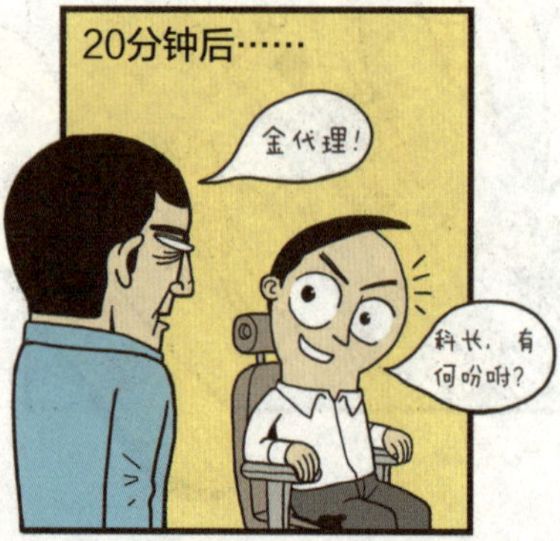

强效咖啡因令人宛若新生。

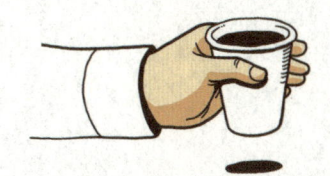

今天试试用"coffee nap"度过活力满满的下午，你觉得怎么样？

如果无法躺着睡觉的话，趴在办公桌上休息一会儿，也是个不错的办法。

SNS[①]:
威胁我们大脑的智能手机

[①] SNS：社交网络服务。

据统计，在地球上生活的人类当中，

使用抽水马桶的人数约为45亿，

而使用智能手机的人数高达60亿。

网络社交已然成了人类全新的社交方式。

以SNS为媒介，

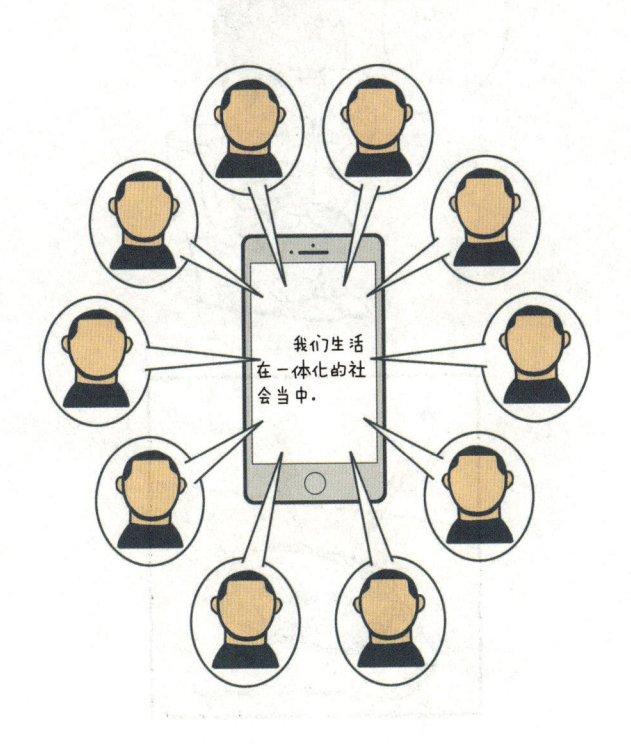

我们生活在一体化的社会当中．

抽水马桶和智能手机,

VS

这两者当中,使用哪一个更接近人类的本能呢?

本能归本能……

嘀 嘀 嘀

我们每天使用的SNS，也不过是近些年才盛行起来的。

1995年

那么SNS究竟是如何发展到今天的呢？

SNS能在这么短的时间内迅速走进千家万户,并不完全归功于成功的营销。

他们成功的秘诀就藏在我们的大脑中。

Social | Networking
（社会性）（交流）

人类的大脑因社（社会性）交（交流）而存在。

群居的野生动物一旦掉队，

就有性命之忧。

我的腿受伤了，走不了了。

那我们先走一步了。

而它们深知这一点。

你这家伙看起来味道不错啊！

73

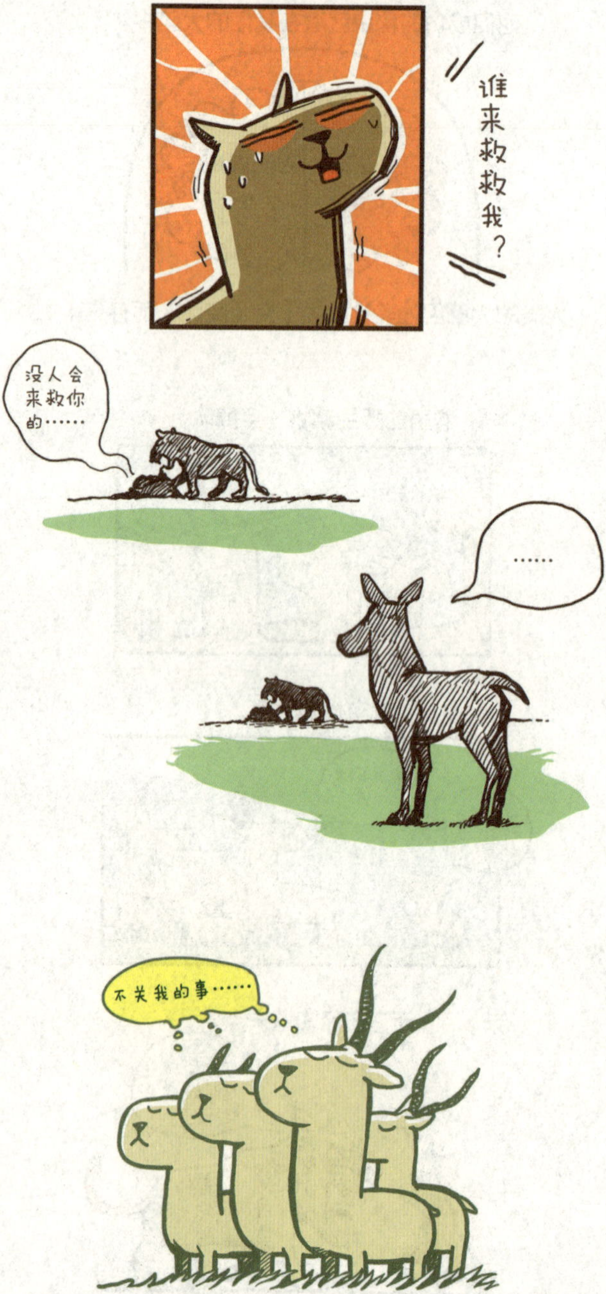
谁来救救我？
没人会来救你的……
……
不关我的事……

那么，人类又是如何生存的？

人类的生存需要依靠社交。

一个人无法狩猎，

甚至无法在捕食者手中活命。

所以，弱小的人类组成了强大的群体生存至今。

> 团结起来吧！只有团结起来才有出路！
> （全球人类代表联合会）

> 与他人产生联系是我们的本能，这在我们的大脑中根深蒂固。

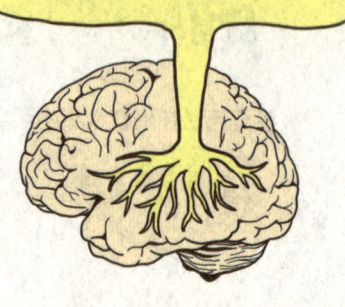

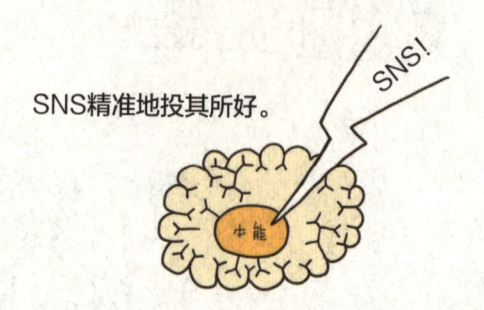

SNS精准地投其所好。

SNS！

本能

很快，全球人类的大脑就被SNS俘获了。

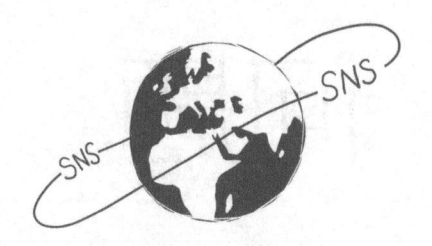

对人类而言，SNS就如同救命稻草一般，极具吸引力。

但是问题也由此产生。

问题

人类智慧的产物，现在反而在改变着我们的大脑。

点赞　一按

SNS是如何影响我们的大脑的呢？

我们做什么啦？

网络社交是连接你我的全新交流方式。

然而这种新型交流方式并不具备传统交流方式所具备的要素，因此这是一种有缺陷的交流方式。

当我们谈到"交流"时，

通常认为"交流"指的是在人与人之间发生的、无数信息交换中的语言交换。

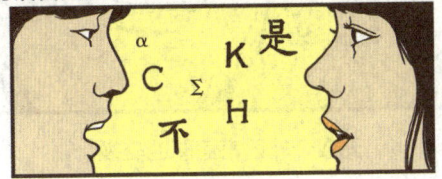

实际上，真正意义上的交流包含

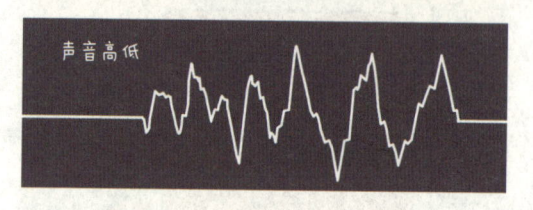

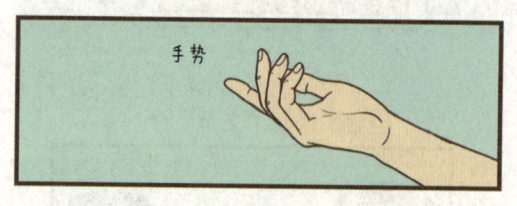

对方的　面部表情

声音高低

手势

瞳孔的放大、缩小或视线的变化

嘴唇的颤动或嘴角的形态

无数个非语言信息的交换。

网络社交仅仅交换了这些重要信息当中的语言信息。

在交流要素当中,语言信息主要受左脑控制。

其余的非语言部分主要由右脑控制。

网络社交是运用左脑的一种交流方式。

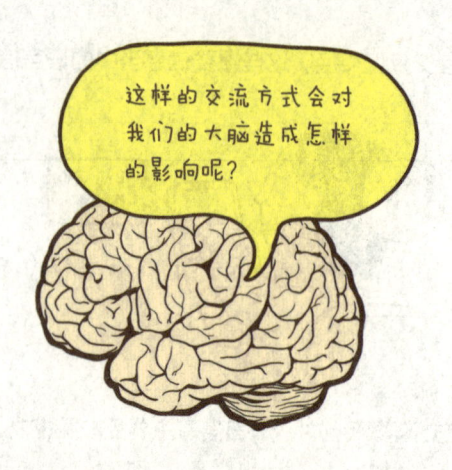

这样的交流方式会对我们的大脑造成怎样的影响呢?

网络社交成为人类的一种交流方式时间不长,

因此还没有充分的研究结果作为支撑。

研究结果　孤零零

但是有些沉溺网络的年轻人的大脑，

朋友们都在这里了。

已经出现了异常。

具体表现为这些人的大脑中负责情感、认知、决策的白质发育迟缓。

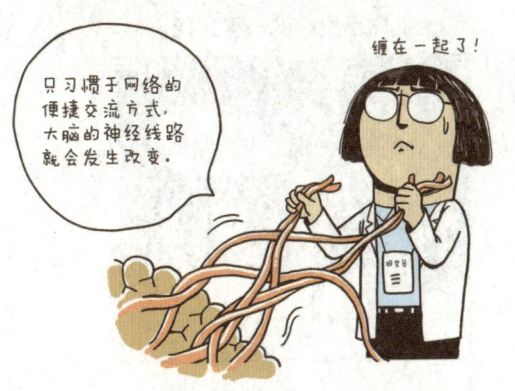

只习惯于网络的便捷交流方式，大脑的神经线路就会发生改变。

缠在一起了！

听说过"幽灵振动综合征"吗?

幽灵振动综合征指的是,现实中手机并没有振动,

人们的脑海中却产生了口袋中的手机正在振动的错觉,

因此做出反应的一种现象。

最初这种综合征被视为低头族的病态症状。

而如今，在智能手机用户当中，约90%的用户有类似的症状。

不知道是不是因为这种现象已经司空见惯,大家对此都不以为然,抑或是已经病入膏肓,无药可救。

不管怎样,网络社交已经渗入我们的生活中。

未来它将给我们的生活带来怎样的变化,还有很多地方值得深思。

精神病学博士丹尼尔·西格尔曾经这样说过：

人们应减少单一使用左脑的交流方式，坚持每天都展开非语言性交流。

网络社交应当为既有的交流方式增添更多的元素，

亲爱的，我爱你！

天哪，你怎么送我这么贵重的礼物！

而不是取代既有的交流方式。

大家是如何利用网络进行社交的呢？

完

6

眼睛：
人类眼睛的惊人进化史

进化论的奠基人,英国博物学家查理·罗伯特·达尔文在《物种起源》一书中发表过以下观点。

> 若人体有器官经过漫长的岁月却未曾进化,那我的进化论就是天方夜谭。

查理·罗伯特·达尔文→

> 让你失望了,这样的器官不存在!

> 眼睛的进化过程真令人惊叹。

大吃一惊吧?

据证实，人类眼睛的复杂和精密程度超越了迄今为止一切现代科技产物。

但是一些人认为，眼睛的结构过于精妙，并非自然生成的。

原本在黑暗中挣扎的生物，为何突然拥有能看见世界的双眼？

约40亿年前，最初在地球上出现的生物是没有视觉器官的。

> 对我而言，那可是奢侈品。

当时地球上唯一的生命——微生物，只能不见天日、漫无目的地四处游荡。

> 我是谁？要去哪里？

但是在它们周围却有一个必不可少的能量之源……

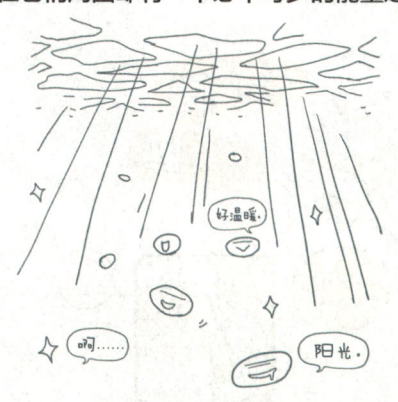

那就是阳光。

光照适宜的地方，有利于细菌繁殖，而光照不适宜的地方则不利于细菌繁殖，会加速细菌死亡。

经过数亿年的变迁，只有细菌幸运地生存下来了，然而突然有一天……

某个细菌在繁殖的过程中,出现了DNA复制错误。

虽然这种错误在生物繁殖过程中时常出现,

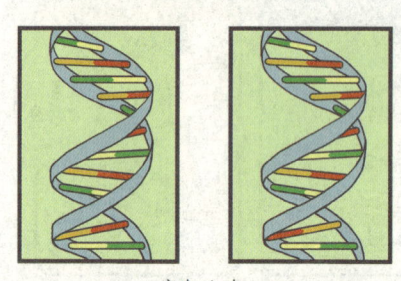

但是该细菌的DNA复制错误诱发了基因变异。

正如自然界的基因突变。

自然界中，生物细胞的DNA复制过程并非完美无瑕，就算是现在，我们体内的细胞也会出现复制错误。

大多数的基因突变不利于生存和繁衍，因而这类基因难以遗传下去，慢慢地就彻底消失了。

然而能够感知阳光的变异细菌

一到晚上就寻找光源，

要到亮一些的地方去。

紫外线对皮肤不好。

而到了白天就到阳光温和的地方去。

因为具备这种优势的变异细菌数量激增，

而凭借好运存活下来的细菌数量逐渐减少，

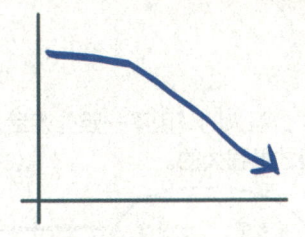

所以自然而然会发生更新换代。

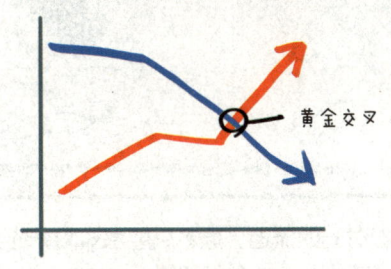

黄金交叉

最终，细菌成功进化。

看得越来越清楚了。

虽然在自然界中，基因突变的发生是随机的，

哐啷！

但是基因突变取代既有生物的过程却不是随机的。

在自然界中，强大的基因不一定能存活，而能存活下来的基因才是强大的。

真可恶，咱们走着瞧，看谁以后能飞黄腾达！

随着时光的流逝，原本只能感知阳光的部位突然发生了变化，开始向下凹陷。

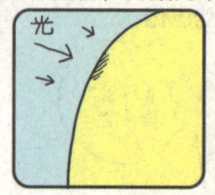

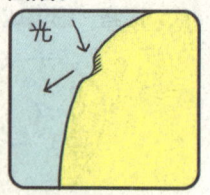

光　　　光

这种变化是十分有利于生存的。

原本平坦的部位只能感知光线的存在，

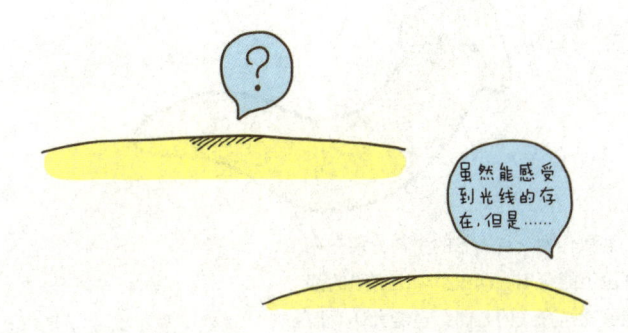

?

虽然能感受到光线的存在，但是……

而这个部位向下凹陷以后，逐渐可以感知光线的角度了。

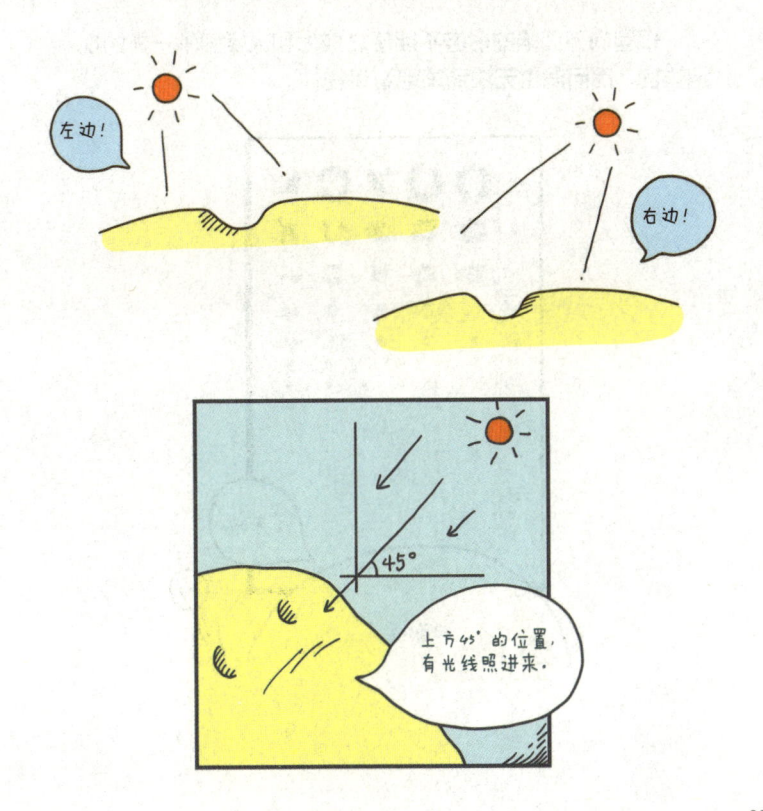

左边！

右边！

45°

上方45°的位置，有光线照进来。

99

扁形动物涡虫正是出现初期变形的典型代表生物。

涡虫作为一种古老的生物，现在在河岸边也能看到。涡虫身体上凹陷的部位能够感知光线的方向，也能大体看清物体的形状，还能区分猎物和天敌。

仅有向下凹陷的形态不能使之成为和人类眼睛一样的视觉器官，因而涡虫无法清晰地看见物体。

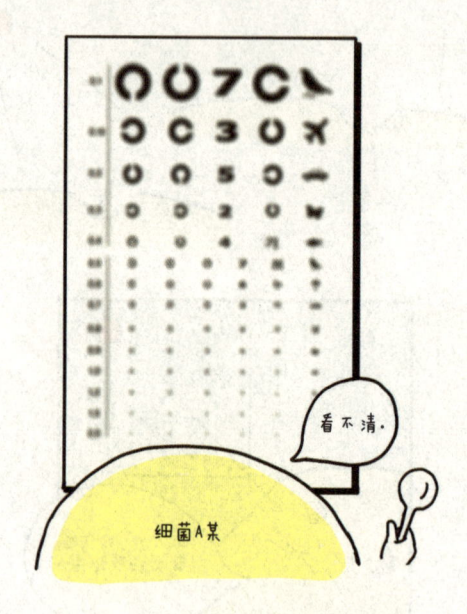

看不清。

细菌A某

为了能更加准确清晰地看到物体反射光线的方向，还需要怎样的变化呢？

> 光线照射进来的通路，其开口处的直径要变得更小。

> 凹陷部位要更加深邃，如同一个小孔一般。

光线能够照射进来的空间大幅缩小。

> 这样一来，能够更加准确地感知光线照射的方向和焦点的位置，也可以更清晰地看见物体。

能看清了。

然而这种针孔般的眼睛依然存在问题。

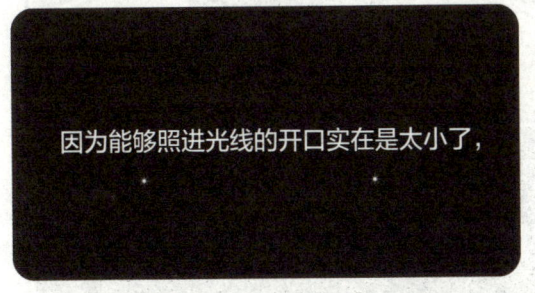

因为能够照进光线的开口实在是太小了，

所以在幽幽的深海中就看不清楚了。

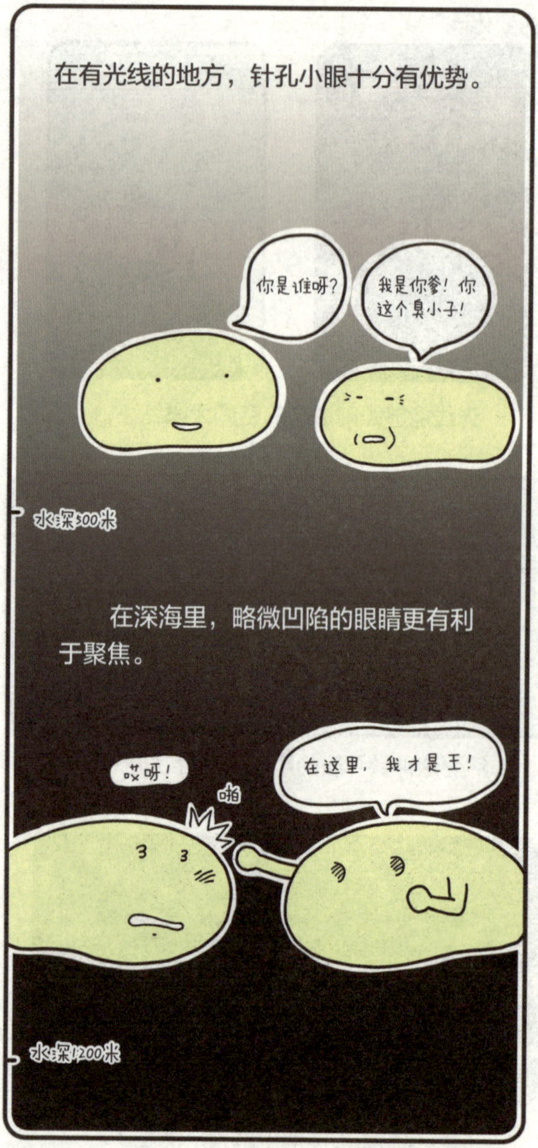
在有光线的地方，针孔小眼十分有优势。
你是谁呀？
我是你爹！你这个臭小子！
水深500米
在深海里，略微凹陷的眼睛更有利于聚焦。
哎呀！
啪
在这里，我才是王！
水深1200米

海洋生物的眼睛，为了适应不同的生存环境，进化成不同的形态。

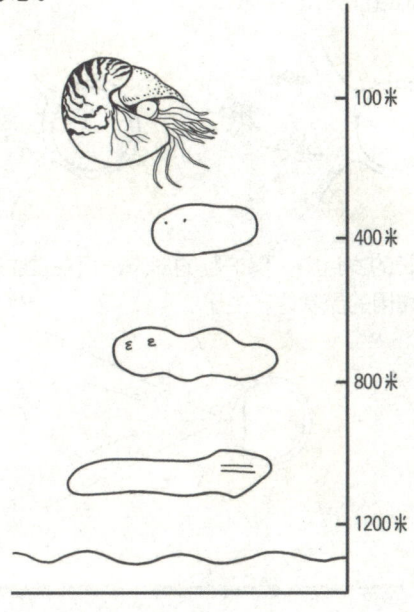

100米

400米

800米

1200米

突然有一天……

眼睛发生了革命性的变化，摒弃了凹陷眼和针孔眼的缺点，而吸收了新的优点。

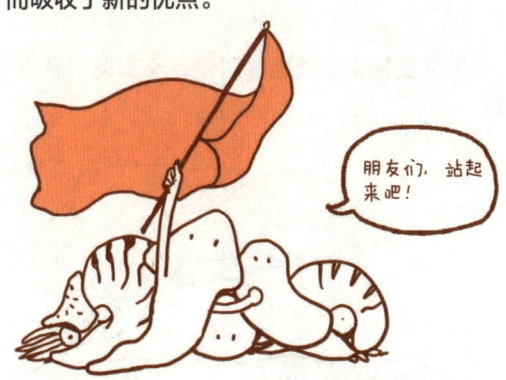

朋友们，站起来吧！

为了防止细菌感染，眼睛开口的地方长出了透明的保护膜，覆盖前端的开口。

在漫长的岁月中，保护膜的形态一直在发生改变，最终具有聚焦作用的晶状体产生了。

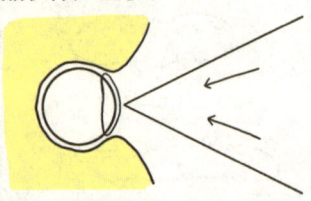

以上正是神秘莫测的眼睛进化史。

当海洋生物爬上陆地的时候，又出现了意想不到的严重问题。

尽管在水下时一切都清晰可见，但是一旦离开水面，外面的光线就会变得扭曲。

看不清啊……

就像筷子插入装满水的杯子，看起来是弯曲的一样。

例如光线从水中射入空气中，或是从空气中射入水中，就会产生"折射现象"。

105

眼睛最初是在水中形成的,进化后的眼睛能分泌泪液。

为了能在水下看清物体,眼睛里必须噙着泪水,只有这样才能保证在光线移动时,介质不发生改变。

登上陆地的生物们

经过数亿年的光阴,视觉器官不断成熟和完善。

现在即使悠然地站在地面上，人的双眼也能很好地对焦。

风吹过，眼睛容易流泪。

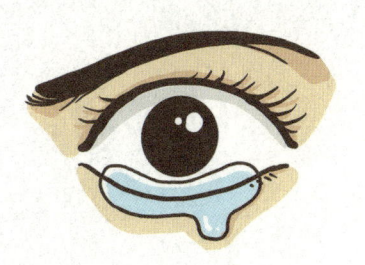

眼泪似乎正在陈述这样一个事实——我们现在依然在进化中。

完

7

地球：
暗淡蓝点的传说

第二次世界大战爆发了。

战争结束后，在漫长的冷战状态中，

美国和苏联纷纷制定了史无前例的规划。

其中一项重要的发展项目正是航天事业。

投入了巨额资金，一心发展航天事业的两个国家，迅速展开航天技术研发。

1961年4月12日

苏联宇航员尤里·加加林乘上了宇宙飞船。

这是我的荣幸。

这是人类历史上首次载人宇宙飞行。

发射！

① ② ③ ④

轰轰轰

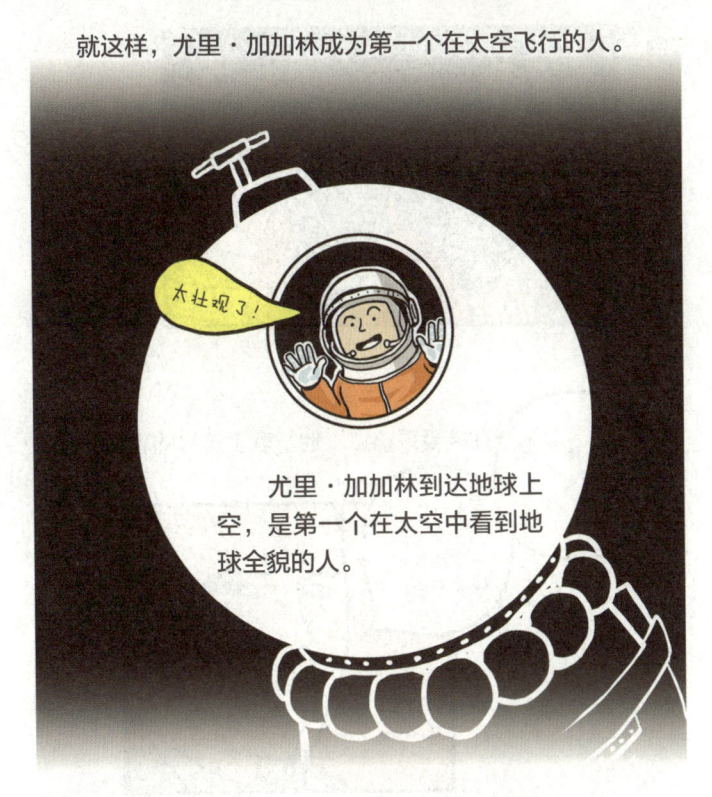

发射后不久，宇宙飞船便进入了太空。

因为不同的意识形态，激烈争斗的多个国家，在此刻竟变得如此渺小，甚至无法辨别国界线。

就这样，尤里·加加林成为第一个在太空飞行的人。

太壮观了！

尤里·加加林到达地球上空，是第一个在太空中看到地球全貌的人。

在这个特别的时刻,他是这样说的。

> 地球……闪烁着蓝色的光芒。这是多么令人惊讶的事情啊!真是让我叹为观止!

一个多小时短暂的宇宙飞行结束,尤里·加加林一跃成为英雄。

在接受采访时,他发表了这样的感言。

> 当我遥望地球的瞬间,我才明白,

> 原来我们相互争夺的这颗星球竟是如此渺小。

美国的技术研发迫在眉睫。

我们一定会造出更厉害的给他们瞧瞧!

1969年,美国宇航员尼尔·奥尔登·阿姆斯特朗成功登月,获得"登月第一人"的殊荣。

我感到无比光荣。

"这是一个人的一小步,却是人类的一大步。"

时至今日，这依然可以称得上是人类历史上辉煌的一瞬。月球和地球之间距离遥远。

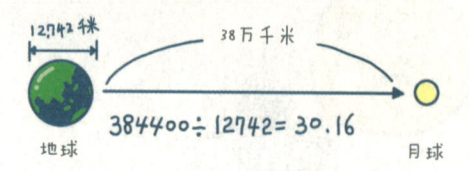

$384400 \div 12742 = 30.16$

这次成为英雄的是阿姆斯特朗……

哇！

在结束宇宙飞行之后，他说了这样一番话。

我的眼前突然浮现那个小巧可爱的蓝色倩影。

> 好像闭上一只眼睛,再竖起一根大拇指,就能将它完全遮住。

> 不过,我并没有因此感觉自己像巨人一样高大无比。

> 反而深刻体会到,在浩瀚宇宙当中,个人只是沧海一粟,微不足道。

的确如此。在距离地球约38万千米的月球上遥望地球,地球看起来就如同一颗青豆般大小。

遗憾的是,迄今为止,人类尚未踏足其他更远的星球。

距离地球最远的无人空间探测器位于宇宙中的某处，

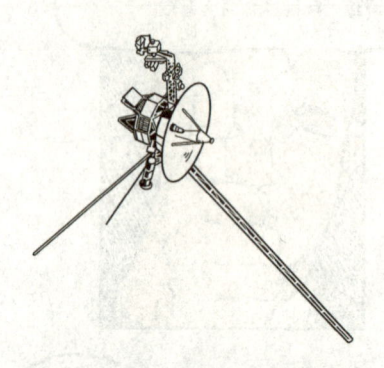

在那里看到的地球是什么样子呢？

1977年美国国家航空航天局

为了探测太阳系，美国国家航空航天局发射了无人探测器旅行者1号和旅行者2号。

博士，目前行星正位于175年才出现一次的最佳方位。

太好了！下周发射旅行者号。

就这样，旅行者号沿着轨道，借助行星的引力高速运行。

旅行者1号和旅行者2号分别距离地球149个天文单位、124个天文单位（截至2020年）。

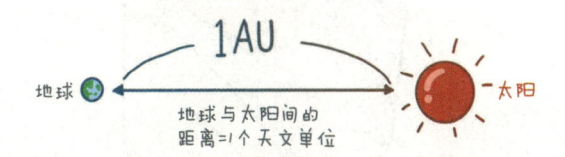

旅行者1号夜以继日地不断飞行，截至2020年，总共飞行了149个天文单位，是目前离地球最远的航天器。

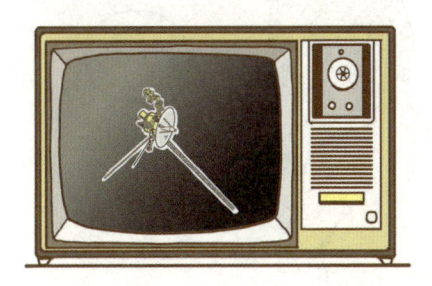

119

"从这个探测器里……"

天文学家卡尔·萨根

"看到的地球是什么样子的呢?"

科普纪录片《宇宙》的制作人

一生致力于普及自然科学事业的卡尔·萨根,

"美国国家航空航天局的电话号码是……"

在1980年向旅行者号研发团队发出提案。

是谁啊？现在可是午休时间……

你好，我是卡尔·萨根。我有个很棒的点子。在旅行者号离开太阳系前，调转相机方向，可以拍下地球的样子。

他就是这样一个无厘头的人。

美国国家航空航天局的相关专家为此陷入苦恼。

> 萨根的提案过于草率了。

> 这原本就是计划之外的事，没有任何科学意义。

> 将相机镜头转向地球的话，就会靠近太阳，这样镜头有毁损的风险！

美国国家航空航天局的大部分专家都对这个提案持反对意见。

> 嗯……但是如果成功的话，对人类来说，将有巨大的意义，不是吗？

即便如此，斥资约7亿美元的“旅行者”计划，容不得任何差池。
我明白了。这次萨根的提案，我们就当没这回事儿吧。
不管怎么说，这个提案还是太草率了。
挂断！
提案没有通过。
嘟 嘟 嘟 嘟

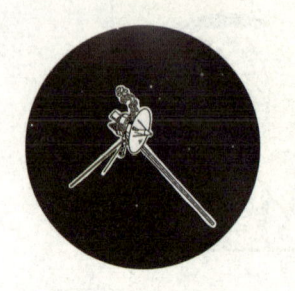

旅行者1号于1989年完成了既定任务。

宇航员出身的时任美国国家航空航天局局长理查德·特鲁利看好萨根的提案。

> 事实上，我从一开始就很中意萨根的提案。

局长

1990年

> 今天是2月14日，为了纪念情人节，我们调转旅行者1号的相机方向，拍摄地球。

最终旅行者1号的地球拍摄任务获得批准。

这张照片是在距离地球40个天文单位的宇宙空间里拍摄的。圆圈里的小点就是地球。

那个蓝色的小点……

　　那个和智能手机屏幕上沾染的灰尘一般大的小点，就是我们人类的家园——地球。

卡尔·萨根收到了一张照片。

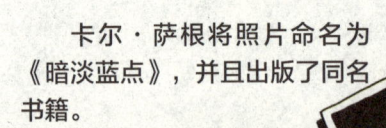

卡尔·萨根将照片命名为《暗淡蓝点》，并且出版了同名书籍。

在这本书上，他发表了这样的评论。

旅行者号的任务在土星探测结束后就完成了。但我觉得旅行者号在结束土星探测后掉转相机,拍摄一下地球的样子,很有意义。

因为在遥远的土星上看到的地球小到几乎无法辨认,所以照片上的地球只是一个小小的、不过像素大小的光点,同时我们无法判断周围其他的光点是什么,甚至无法辨认出地球周边的行星或者遥远的太阳。正因如此,地球才呈现出一种曚胧感,而拍下地球呈现的这种曚胧感正是此次任务的意义所在。

看看那个小点。

那个暗淡蓝点,正是地球。

那个小点是我们生活的地方。

那个小点是我们的家园。

那个小点就是我们自己。

我们的爱人、友人，这世间所有的人都在那里生活。

我们的喜悦和痛苦，我们深信不疑的一切，
我们的意识形态和经济体制……

文明的创造者和破坏者、国王和农夫、母亲和父亲、发明家和探险家、教师和政客、圣人和罪人，这形形色色的一切，都在地球——那个仿佛阳光中飘浮的尘埃上存在。

然而，在宇宙这个大剧场中，地球只不过是一个小小的舞台而已。

回想一下历史上那些残暴的皇帝和将军，为了胜利和荣耀，不惜血流成河。而这一切，竟只是为了在那一隅之地上，施行昙花一现的统治……

想一想，在像素般大小的地球上，某一群在角落里生活的渺小人类，为了侵略另一群在角落里生活的渺小人类，而犯下滔天罪行。

目前我们所知的地球是孕育生命的唯一所在。在短期之内，人类没有可以移居的新家园。此刻，没有什么比这张在遥远的太空中拍摄的照片更能反映人类的傲慢是多么的愚昧可笑。

我深感我们有责任珍惜和爱护我们生活的这个暗淡蓝点。

因为它是我们所知的唯一安乐之所。

完

8

灰尘：
空气中隐藏的有害物质

多多交换，
多多益善。

今天雾霾严重吗？它对人体有害吗？

出门戴口罩能缓解吗？

每天都需要实时监测空气质量，这样的状况真是令人担忧。

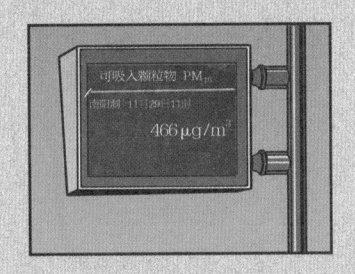

听说过"空气末日"（英文"airpocalypse"）这个词吗？

这个词是由英文单词"apocalypse"（末日）和"air"（空气）拼缀而来的。

意指当前全球空气污染十分严重。

据报道，可吸入颗粒物在韩国和日本每年导致三万多人死亡。

环境部应尽快解决环境污染问题！

环境部

可吸入颗粒物究竟是什么？它是如何危害我们身体健康的？

可吸入颗粒物，可以简单地理解为细小的灰尘，是直径在10微米以下的颗粒物。人类一根头发的直径约70微米，而可吸入颗粒物直径只占头发直径的$\frac{1}{7}$，体积极小。

只有头发直径$\frac{1}{7}$大小的可吸入颗粒物和$\frac{1}{28}$大小的细颗粒物，不会被鼻毛、鼻黏膜以及支气管过滤，而是会一点儿一点儿地沉积在呼吸器官——肺部，还会进入血液，游走于全身，引发多种疾病。

好可怕！

极小的可吸入颗粒物进入人体后，会诱发多种重大疾病。

最令人担忧的就是能够引发癌症及相关并发症。

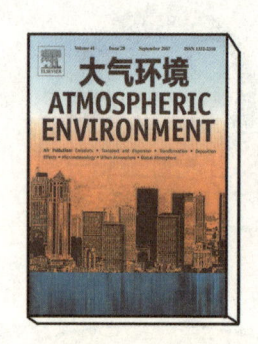

《大气环境》[①]中的相关文章指出，被污染的空气中含有一种名为多环芳烃的微小化合物。

这种化合物会附着在我们的DNA上，干预细胞的调节和复制，

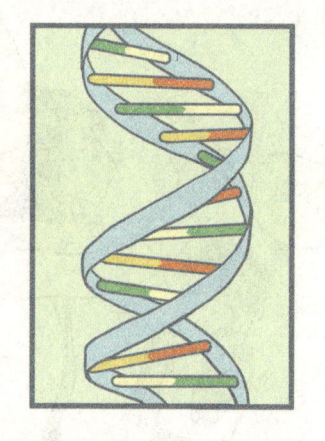

[①]《大气环境》：即 *ATMOSPHERIC ENVIRONMENT*，美国周刊，于1994年起出版，刊载方向为环境科学。

引发基因突变，

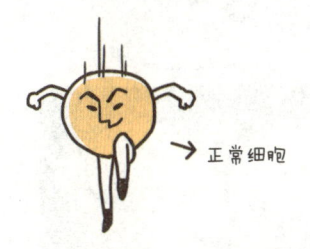

→ 正常细胞

将正常细胞转化为癌细胞。

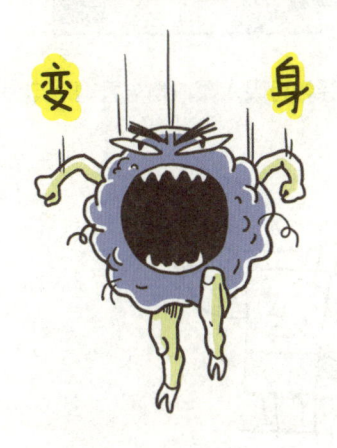

变 **身**

原来如此。

世界卫生组织已经将可吸入颗粒物与香烟认定为一级致癌物质。

2010年的一份资料表明，全球有223000人因空气污染患上肺癌，最终丧命。

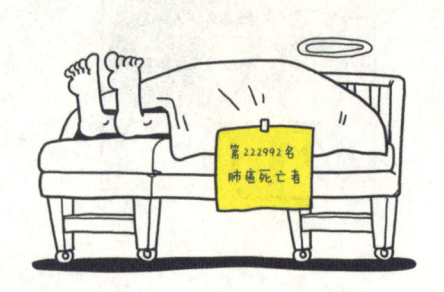

设置吸烟亭,指定禁烟区,又有何用?

我很安全。

空气里有致癌物质……

此外,可吸入颗粒物会堵塞毛孔,诱发痤疮和毛囊炎,还会进入头皮中的毛囊,导致脱发。

各位同事大家好,我们是新来的,今年26岁。

这有什么大不了的?

可吸入颗粒物甚至还会诱发

尽管因空气污染造成的危害近些年才受到人们的关注，但是事实上空气污染的危害早在很久以前就显现出来了。

1930年比利时马斯河谷烟雾事件

比利时马斯河谷

工业区排放废气，使大量有害气体积累在近地大气层。

导致60多人死亡。

1952年英国伦敦烟雾事件

英国伦敦

工厂废气骤增，污染物和大雾混合（能见度仅为5米）。

仅4天就造成约4000人死亡。

历史给人类最大的教训，就是人类从未在历史中汲取任何教训。

每年因吸烟导致600万人死亡。

而现在出现了比香烟更可怕的杀手——空气。

环境污染问题一直在影响经济增长。

今年的经济增长率一塌糊涂！

经济增长

国会议员

下台吧！

这届总统太无能了！

广大人民群众，首先要向各位致歉，但是请大家相信，我们一定会竭尽全力恢复经济。

对于环境污染问题，就请大家睁一只眼，闭一只眼吧！

现在难道让我们用身体健康换取经济增长吗？

痴心妄想

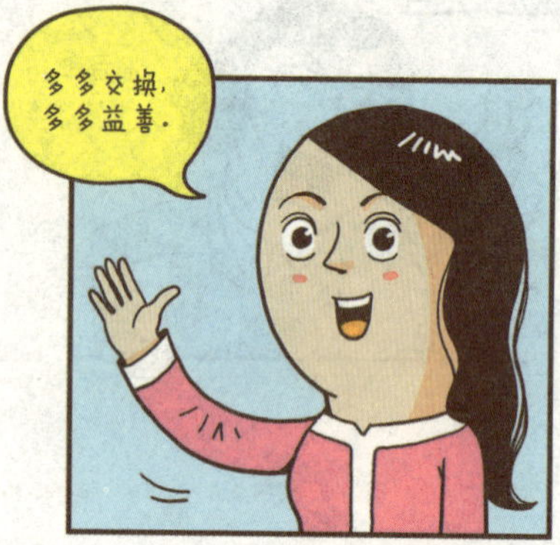

完

基因：
为什么女性寿命比男性长？

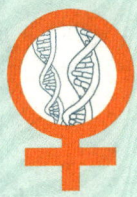

据2015年的一项统计，日本是世界上人均寿命最长的国家。

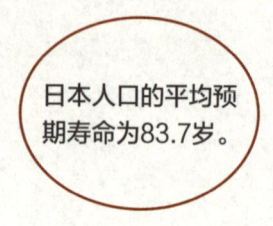

日本人口的平均预期寿命为83.7岁。

2015年版（世界卫生组织统计数据）

但是

日本女性平均预期寿命达到86.8岁，

86.8岁

而日本男性平均预期寿命却低于女性。

80.6岁

再看看韩国，韩国人口的平均预期寿命为82.2岁，略低于日本。

韩国女性平均预期寿命是多少呢？

85.6岁

韩国男性平均预期寿命仅为78.8岁。

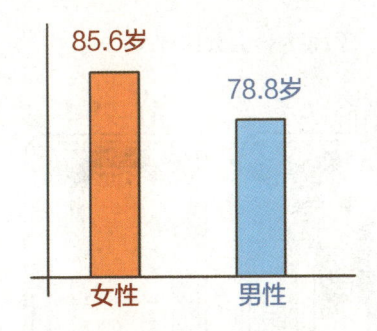

85.6岁 女性
78.8岁 男性

某地的一次抽样调查表明，该地长寿老人均为女性。

均为女性

全球百岁老人按性别划分，女性的数量远超男性。

到底为什么会这样呢？

同为人类，男女仅有一条染色体的差异，为什么女性寿命比男性长呢？

因为有生物学上的差异。

英国纽卡斯尔大学著名生物学家汤姆·柯克伍德提出的"可抛弃体细胞"理论对此做出了详尽说明。

可抛弃的
（disposable）
+
躯体
（soma）

即"可抛弃体细胞"理论。

汤姆·柯克伍德

该理论是这样解释的。
有一种荷尔蒙，能够让男性变得更有"男人味"。

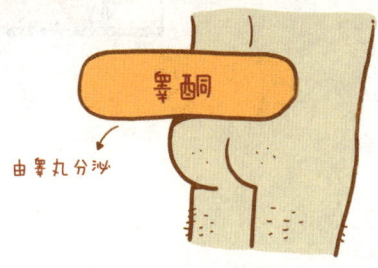

睾酮

由睾丸分泌

注：上图中"BIOLOGY"意为生物学。

151

该荷尔蒙在肌肉和骨骼的形成等方面发挥重要作用。

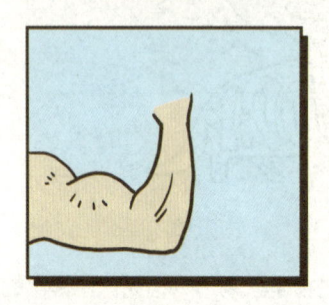

长出胡子

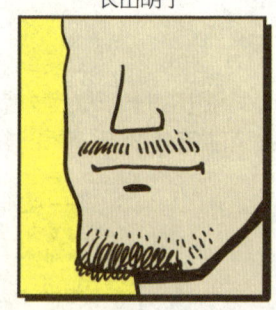

声音变粗

激发竞争意识

因此当男性荷尔蒙分泌减少的时候，就会……

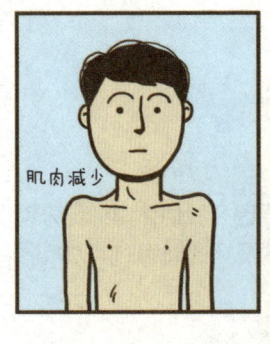

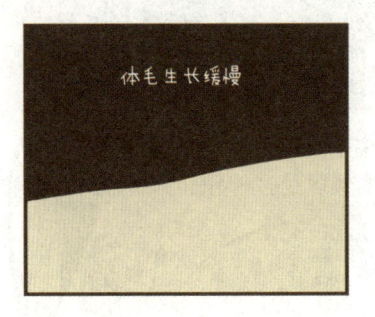

肌肉减少

脂肪增加

体毛生长缓慢

男性荷尔蒙被一部分人指认为缩短男性寿命的"头号犯人"。

身体衰老的真正原因是我们体内细胞分裂次数逐渐减少，修复受损及坏死细胞的能力减弱。

由于某种原因，与女性相比，男性体内修复受损细胞的活动被忽视。

原因是男性较少将精力用在自我修复上。

那么,这些精力主要作用于哪些方面呢?

一些科学家为了研究睾酮对人体产生的影响,给雄鸟注射了睾酮。

开始观察。

结果就是……

被注射了睾酮的雄鸟

攻击性增强，
砰！
啊，真火大！

与多只雌鸟筑巢，
今天住在哪里呢？

击退其他竞争者，
啪！
这家伙什么时候变得这么强了？

诞下更多的后代。
爸爸，
哈哈哈哈哈

也就是说在繁殖活动中表现非常突出。

反观做了绝育手术的宠物犬，摘除了分泌睾酮的睾丸之后，

相比于保留了睾丸的公犬，

通常寿命更长。

令人吃惊的是，实验表明，摘除了雄性特有的器官睾丸后，雄性物种的寿命延长。

正是以上实验结果奠定了"可抛弃体细胞"理论的基础。

就是刚才那个柯克伍德

我们身体可支配的精力是有限的。

第三小队，从左到右依次报数！

一 二 三 四 五 六，报数结束！

精力 精力 精力 精力 精力 精力

身体将有限的精力平均分配到了新陈代谢、繁殖、修复等活动领域。

比起修复活动，男性将更多的精力分配给了繁殖活动。

正是因为存在这种名为睾酮的物质，致使繁殖活动消耗的精力过多，而自我修复功能所需的精力不足。

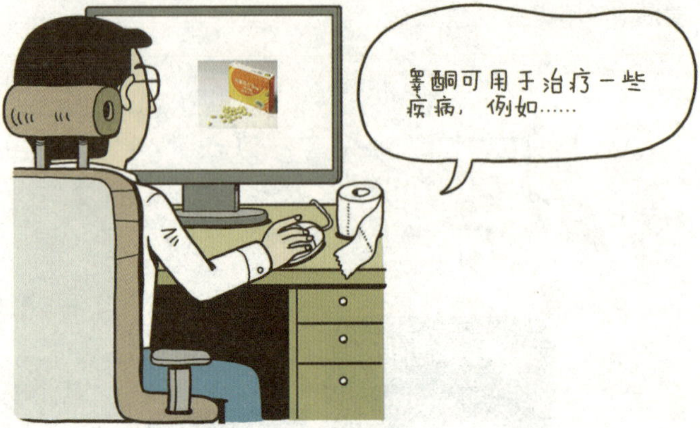
睾酮可用于治疗一些疾病，例如……

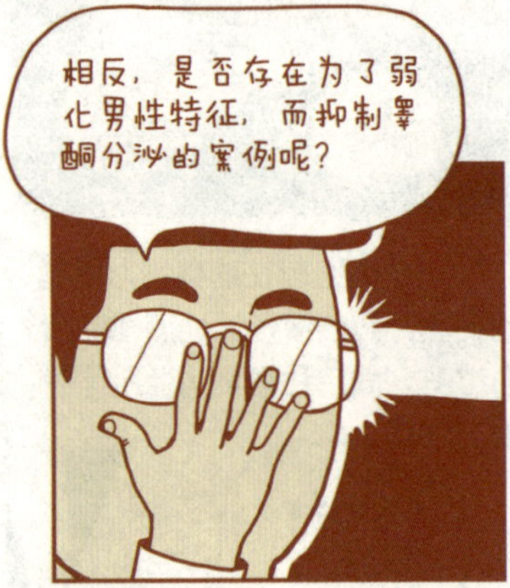
相反，是否存在为了弱化男性特征，而抑制睾酮分沙的案例呢？

也就是说，是否存在摘除睾丸后延年益寿的男性？

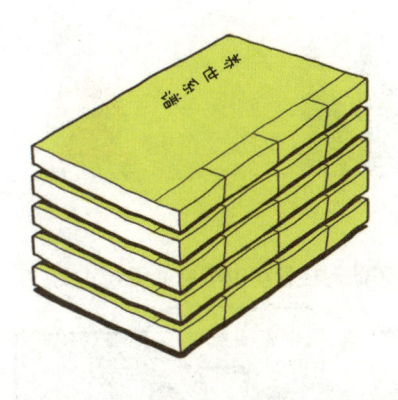

资料显示，这类案例不胜枚举。

也就是宦官！

瞪瞪

宦官就是古代宫廷内侍奉帝王及其家属的男性。

尽管他们在皇宫内经常能见到宫女,

但却可望而不可即。

他们是已被净身的侍从。

我……已经没办法了。

韩国生物学家闵庚镇教授在多年前看了一部古装剧后,

灵光一闪!

← 闵庚镇教授

突然萌生了一个想法。

好的,就这么办!我来研究一下朝鲜王朝宦官的寿命。

他翻阅了《养世系谱》，

并且计算了81名宦官的平均寿命，

结果令他大吃一惊。

天哪！

这些宦官的平均寿命竟比王亲贵族的平均寿命高出了20岁。

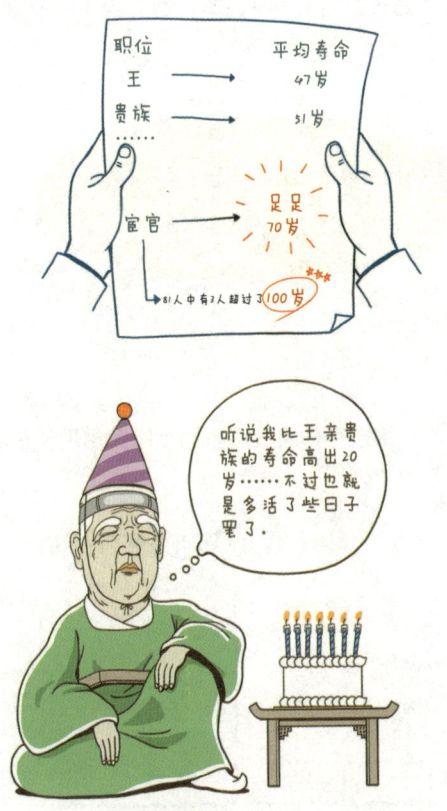

不仅如此，这81名宦官当中甚至还有3名超过了100岁。

在人均寿命最长的国家——日本，百岁老人的数量……

3500人中只有1人。
（0.0286%）

也就是说，这些宦官超过百岁的概率竟是现代日本人超过百岁概率的……

朝鲜王朝宦官
130倍

现代日本人

130倍。

真是太不可思议了！

等我步入晚年，也把它切除，如何？

嘿，你这小子！

如果你有这个念头的话，劝你还是及时打住吧。

当男孩出现第二性征，身体生长发育成熟……

凌晨3点

这就意味着相关的生物学变化基本停止。

关于睾酮是如何"折损"男性寿命的研究还在进行，不过如果单从进化论的角度来看，女性比男性更长寿的原因并不难理解。

从进化论的角度来看，

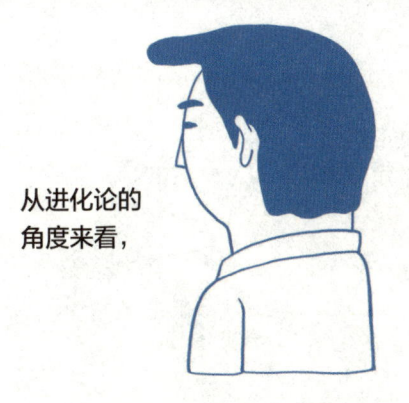

我的身体由谁做主？

由我吗？

我又是谁？

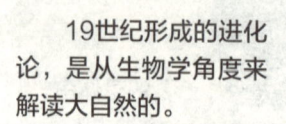

19世纪形成的进化论,是从生物学角度来解读大自然的。

从20世纪开始,现代进化论便开始从基因的角度来解读大自然。

达尔文曾说过这样的话。

> 在自然条件下,物种只有具备了适应生存的有利条件,才能存活下来。

但是达尔文对某些生物行为也无法完全借用其理论一一做出解释。

为什么有些生物不惜以身涉险，也要对其他生物舍命相救呢？例如，在出现入侵者时工蜂们为什么舍生取义呢？

甚至还会放弃自身的繁衍需求，终生协助蜂后产卵呢？

女王陛下诞下了第4738位小公主。

迎战外敌，杀身成仁。

膝下无子。

那我们岂不是一无所获。

它们为什么舍己为人呢？

利他

有利　　　他人

为了解开这个谜题,现代进化生物学界展开研究并取得了重大突破……

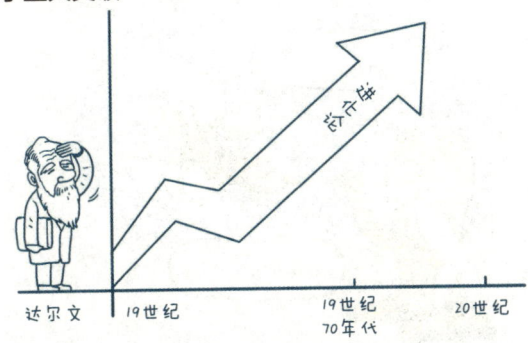

答案就在基因当中。生物扮演着基因的"载体"或是"交通工具"的角色。

我们"自私的基因"正是答案。

自私的基因
超越科学领域的时代经典

为什么说基因是自私的,现在明白了吗?

从生物学的角度来看，工蜂自我牺牲的协作精神令人费解。

如果从基因的角度来看的话，这个谜题也就迎刃而解了。

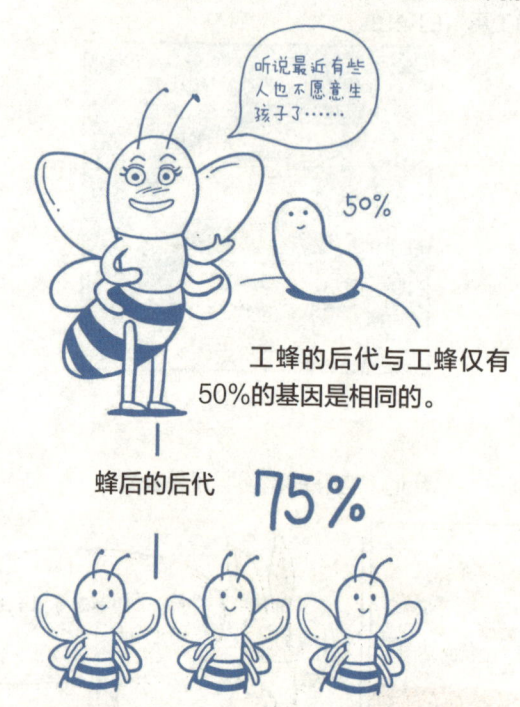

工蜂的后代与工蜂仅有50%的基因是相同的。

蜂后的后代 75%

而工蜂的姐妹们却和工蜂有高达75%的相同基因。

与其辛苦生下只有50%相同基因的后代，

还不如好好照顾蜂后的后代，让它们健康成长，反而更有利于基因传承。

正所谓万变不离其宗，人类的基因也是如此。

人类基因采用何种方式存活？我们再回顾一下之前看过的"自我修复能力"的相关内容。

随着岁月的流逝，我们的身体会自行修复受损的细胞。

哎呀，我的腰啊！

浑身都不舒服。

金老爷子

所以就要不断地检修"身体"这个精密的机器。

配管

安装

涂层

精力

修理

多亏了我们，人类才能存活多年。

精力

人体的自我修复能力确实是既高质又高效。

从理论上讲，终生自我修复，从而达到不老不死的愿望是可以实现的。

然而，我们的身体却选择了终老这条道路。

这是为什么呢？为什么人非死不可呢？

死亡具有必然性。

因为我们的身体并不由我们做主,

而是由基因做主。

对基因来说,我们的身体只是运送基因的"载体"。

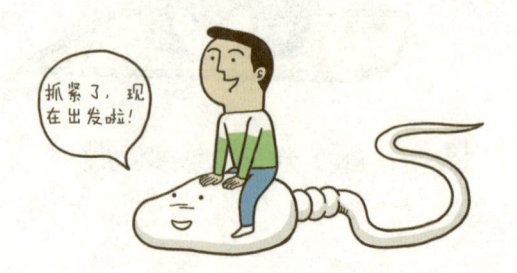

抓紧了,现在出发啦!

基因搭乘着生物这个载体,享受永生。

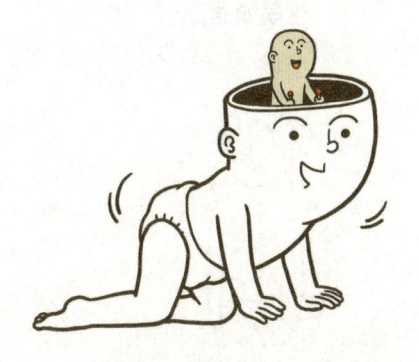

"我"的基因令"我"长生不老,

并且"我"的身体是它唯一的容身之所。

> 我在这世上活了400年了,现在已经活腻了。

话虽如此，

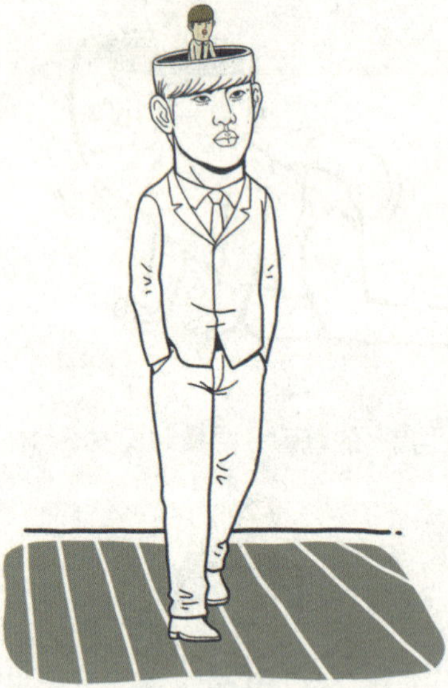

风险却极大。

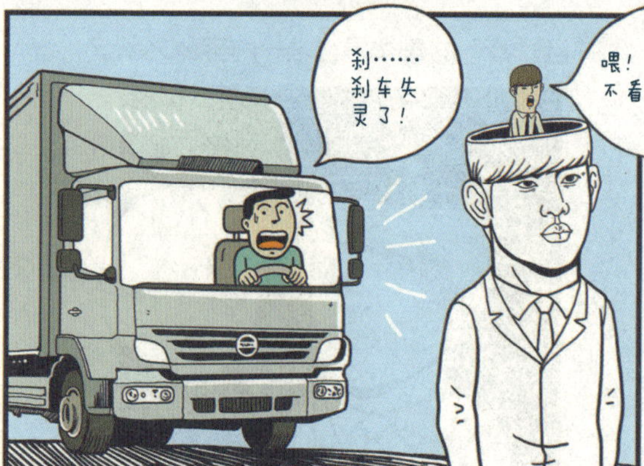

人可能因和别人打架伤亡,

可能被捕食者抓住吃掉,

可能被淹死,

也可能被饿死。

将所有的精力都投入到"我"这个脆弱的躯壳里,风险实在太大。

基因对载体——生物的投资期限仅到其长大成人可以生育的时候，并且还会诱导其繁衍子嗣。

这类似于分散投资，降低风险的原理。

Low Risk, High Return.

这是"低风险、高收益"的策略。

即便是脆弱的生物，如果"分散投资"若干个，生存概率就会提高。

所以，真正不老不死的并非作为载体的我们的躯壳，而是驾驭躯壳的基因。

事实上，人类并非唯一一个因性别不同，寿命有差异的物种。

黑猩猩　大猩猩　长臂猿　甚至是红猩猩……

许多雌性动物都比雄性动物长寿。

雄性和雌性同为基因的载体。

为什么雌性载体更长寿呢？

首先，最初的"投入"是不同的。

以人类为例。

一年365天，男性体内每天都产生大量精子，数量可达2亿个。

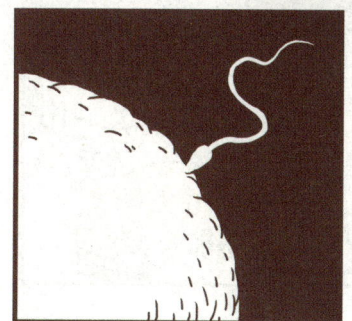

而女性平均每月排卵一次，数量仅为1个。

卵子和精子历经千辛万苦，最终成功在女性体内结合。

狩猎采集时代

经过数月……

用力

累死我了！

需要给腹中的孩子提供营养。

想吃肉了。

瘫倒！

就这样，女性辛苦孕育了约9个月后，还要在不具备生产条件的树丛中，冒着生命危险生下孩子。

在渡过了生死难关之后，还要经过数年的时间将孩子养大。

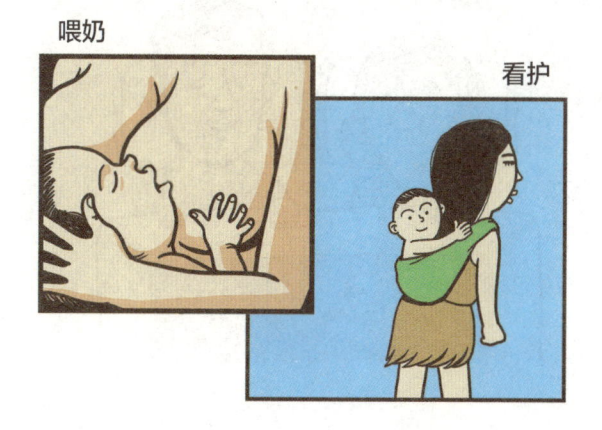

喂奶

看护

在孩子能够自食其力前，女性需要付出难以估量的时间和精力。

所以说，女性比男性更长寿的原因究竟是什么？

通常女性50岁左右会绝经，无法再生育。

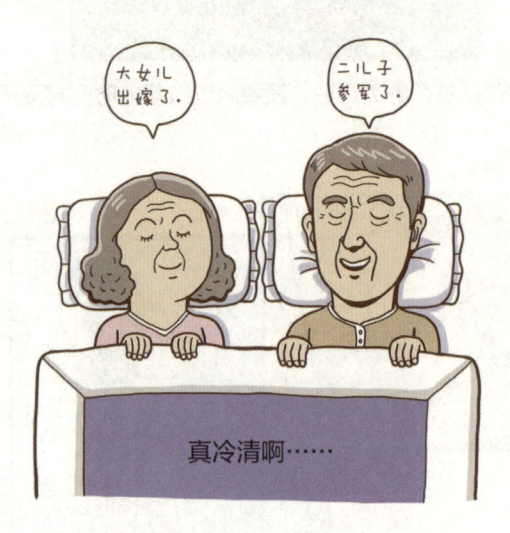

大女儿出嫁了。

二儿子参军了。

真冷清啊……

年纪较大的女性

若再一次经历怀胎的艰辛,还要忍受分娩之痛的话,

要不我们再生个老三吧。

会面临极大的风险。

老头子,你还真是精力充沛!

啪!

哎哟!

此时，

当已成年的子女生育时，自己在一旁协助，

小菜都吃完了吧？

妈妈，您怎么又大老远跑来？

帮忙照看刚出世的孩子，可以让孩子健康成长。

孩子生下以后，我来帮忙照看。

没这个条件，去什么月子中心！

听说月子中心服务特别周到……

外孙、外孙女和外婆有25%的基因是相同的。

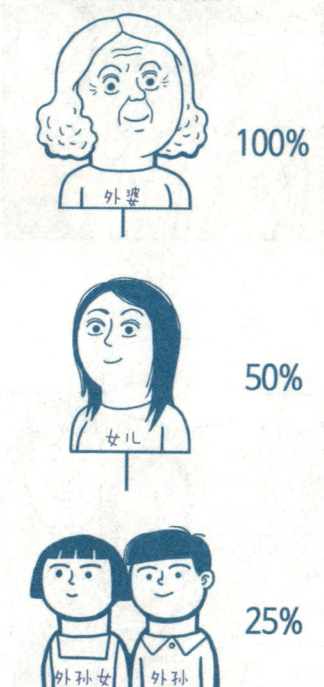

外婆 100%

女儿 50%

外孙女 外孙 25%

一般来说，女性绝经的时间

我自由啦！

与下一代

妈妈！

生育的时间相仿。

这是我男朋友。

她们的寿命可能终结于

> 外婆！

孙辈长大成人，

> 我找到工作啦！

可以自食其力的时候。

> 心愿已了，现在我死而无憾了。

这一切并非偶然发生的。

对于基因而言,延长女性寿命更有意义。

这也意味着她们一生都要辛勤地"执行任务"。

完

10

端粒：
龙虾向我们传授的长寿秘诀

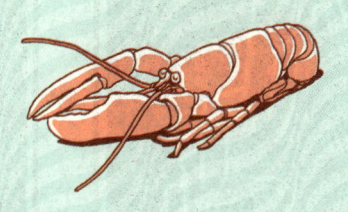

如果让你长生不老的话，你会拒绝吗？

我要青春永驻。

仙女池

自古以来，就有"十长生"这种说法。

它指的是十大长生之物。

这十大长生之物分别指的是什么？

日、云、山、水、石、

龟、鹤、鹿、松、长生草。

还有一种动物，虽然也很长寿，但无缘"十长生"之列。

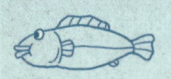

它正是人们吃起来津津有味、欲罢不能的美味龙虾。

龙虾竟然长生不老……

它们保持年轻的秘诀是什么？

我年纪轻轻，就沦为盘中餐了。

衰老的秘密就潜藏于细胞当中。

我们衰老的原因是细胞老化。

端粒是位于染色体两端的DNA，呈杆状。

染色体位于细胞核内，其两端存在一种特殊结构，名为"端粒"。

一扫而光

我们体内的细胞持续分裂，不断产生新的细胞。

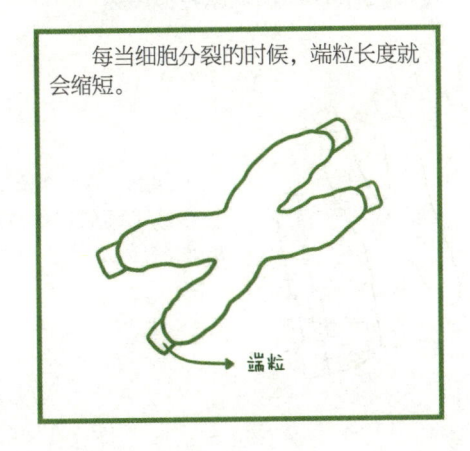

每当细胞分裂的时候，端粒长度就会缩短。

→ 端粒

就这样，当端粒无法再缩短时，细胞会停止分裂，走向老化。

天哪！脸上的皱纹又增加了几条。

几十年后……

最终，生命走向终点。

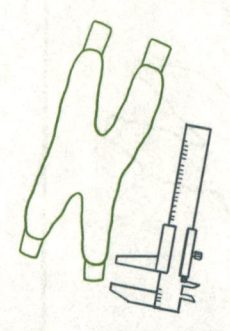

都怪可恶的皱纹。

因此，端粒的剩余长度成了预测寿命的重要指标。

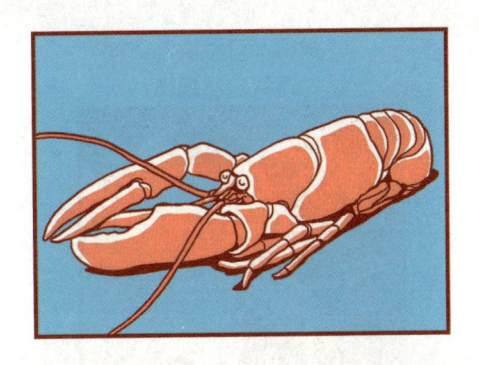

然而，龙虾体内能产生一种可以延长端粒长度的酶，叫作"端粒酶"。

这种酶在端粒长度缩短时，

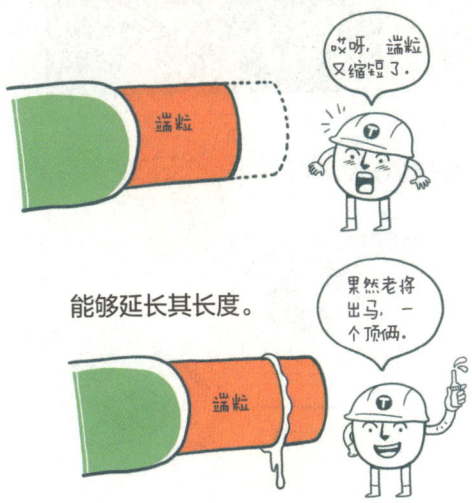

能够延长其长度。

觉得不可思议?
认为违背自然规律?

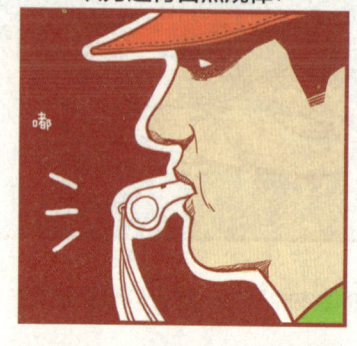

虽然听起来不切实际,但这是事实。

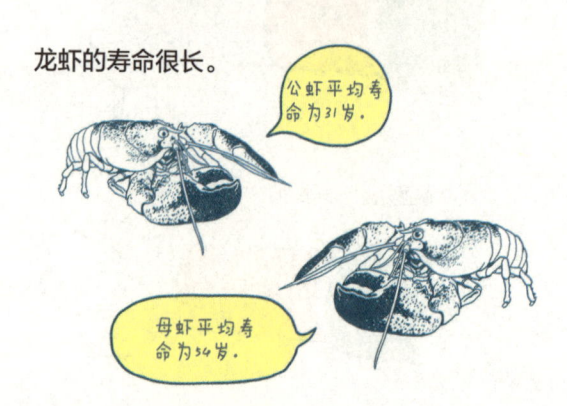

也就是说,我们龙虾可以长生不老。

龙虾的寿命很长。

公虾平均寿命为31岁。

母虾平均寿命为34岁。

而在此期间，它们可以常葆青春。

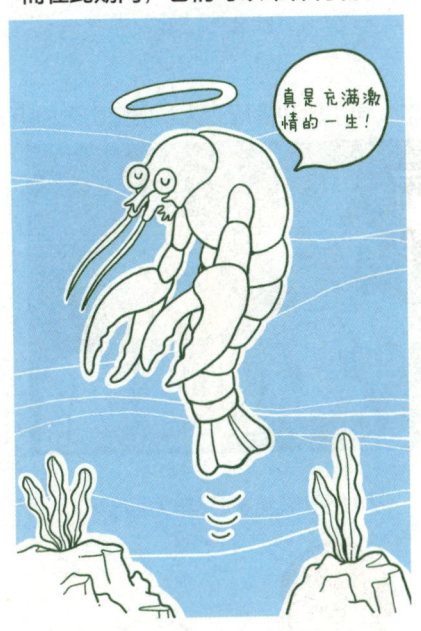

遗憾的是，在正常人体细胞中并没有检测出端粒酶的存在。

尽管如此，人类仍有其他方法可以延缓端粒缩短速度。
什么方法呢？

美国密西西比大学和加利福尼亚大学旧金山分校组成研究小组，

从1999年至2002年为期3年，

从20岁　　至80岁

对6503名对象

以"运动对端粒产生的影响"为主题进行了调查。

中等强度运动　　高强度运动

走路或骑车　　负重训练

在以上四类运动当中，

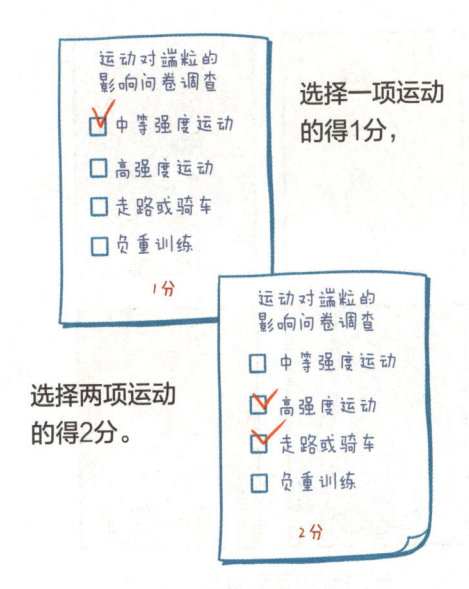

运动对端粒的影响问卷调查
☑ 中等强度运动
☐ 高强度运动
☐ 走路或骑车
☐ 负重训练
1分

选择一项运动的得1分，

选择两项运动的得2分。

运动对端粒的影响问卷调查
☐ 中等强度运动
☑ 高强度运动
☑ 走路或骑车
☐ 负重训练
2分

以此类推，按照上述方式计分。

结果显示，选择一项运动的人与完全不运动的人相比，端粒缩短率减少了3%；

选择两项运动的人，端粒缩短率减少了24%；
选择三项运动的人，端粒缩短率减少了29%。

而选择四项运动的人，

与完全不运动的人相比，端粒缩短率足足减少了52%。

我们不用变成龙虾，也能保持年轻的最佳方式就是运动。

那么我们应该选择哪种运动，持续运动多长时间才会见效？

2017年，美国杨百翰大学曾做过以下调查。

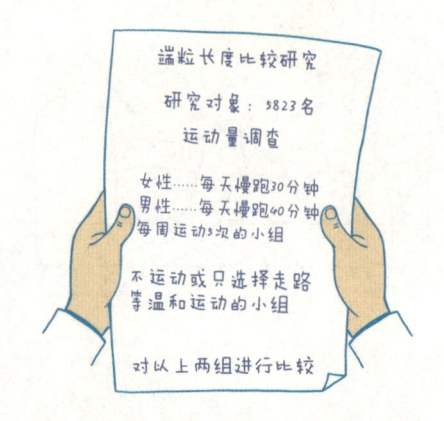

端粒长度比较研究

研究对象：5823名

运动量调查

女性……每天慢跑30分钟
男性……每天慢跑40分钟
每周运动3次的小组

不运动或只选择走路
等温和运动的小组

对以上两组进行比较

男性每天慢跑40分钟，女性每天慢跑30分钟，在每周运动5次的情况下，

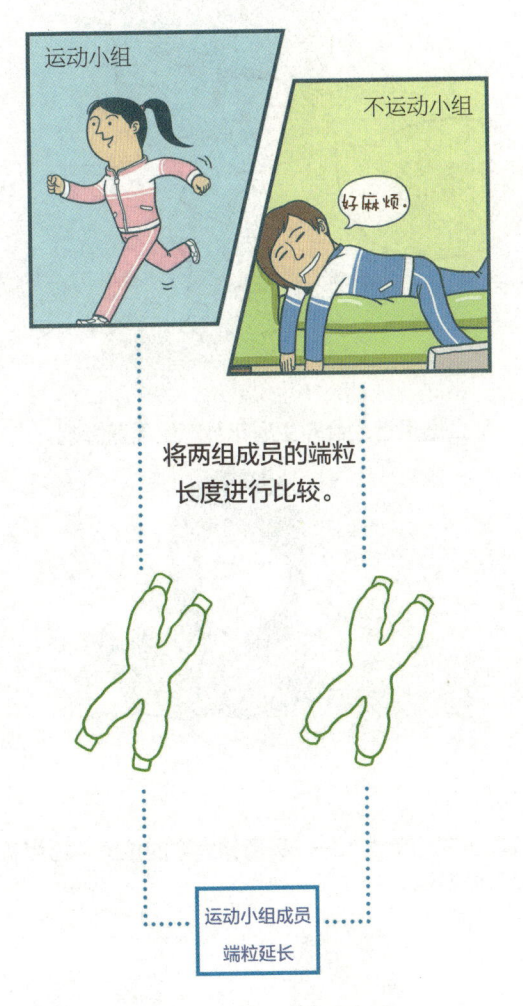

运动小组

不运动小组

好麻烦

将两组成员的端粒长度进行比较。

运动小组成员
端粒延长

调查结果显示，运动能帮助人们对抗衰老。

只要不选择严重超出身体负荷的激烈运动，

那么适量运动会对生理年龄产生显著影响。

该项研究的负责人——杨百翰大学的拉里·塔克教授曾说过以下这番话。

我们都曾见过那些看上去比实际年龄小得多的人，不是吗？

坚持运动，你可以远比想象的更年轻。

运动！我更愿称之为魔法。

完

11

压力：
压力百害而无一利吗？

现代社会，几乎人人都因压力备受困扰。

在医学领域，

你是说压力吗？

医生

面对压力，我们的身体反应

当我们感受到压力的时候，我们的身体会产生两种反应。

Fight or flight

被概括为"战或逃"。

在狩猎采集时代,

人体感受到压力的时候,

通常是在生死攸关的危急时刻,最常见的就是碰上了狮子、老虎等猛兽。

当遇到这种情况时，我们只有两种选择。

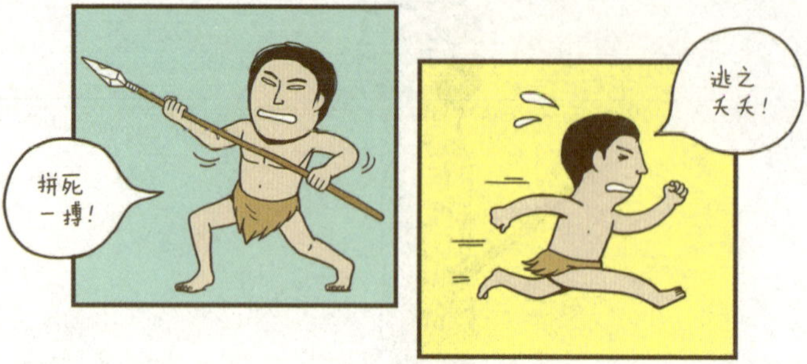

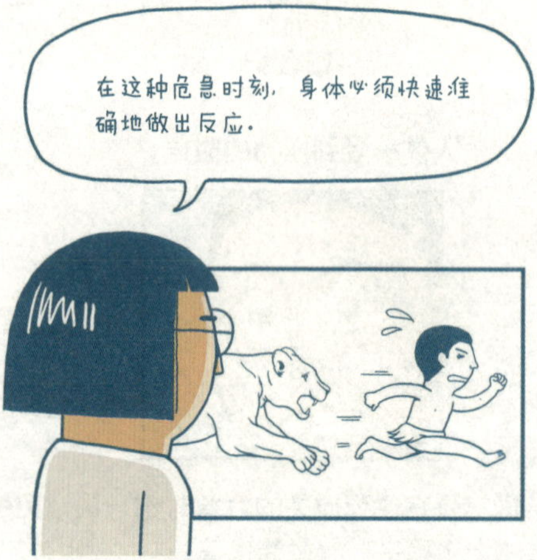

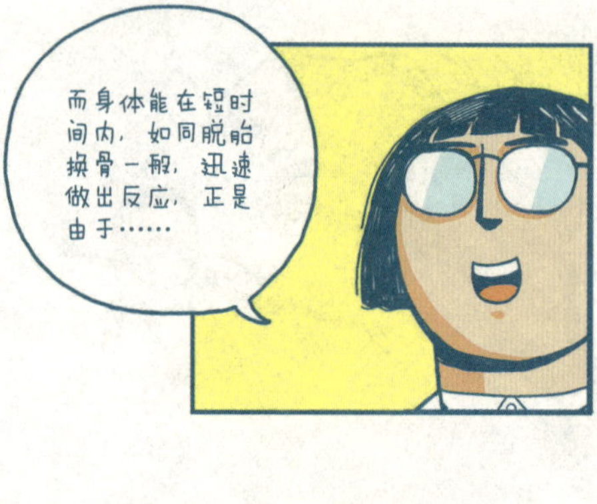

压力！

当我们感受到压力时，

天哪！

身体会立刻进入"战斗"状态。

各就各位！ 遵命！

为了更清楚地掌握对方的动向，瞳孔会扩张。

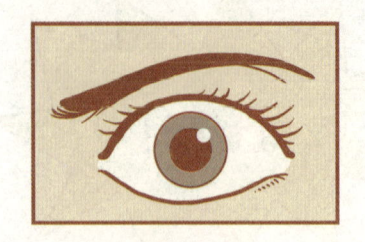

为了迅速地做出反应，肌肉会收缩。

为了及时地向必要部位输送血液，心跳会加速。

同时，向消化器官和皮肤等非必要部位输送的血液会减少。

此外，为了提供额外的能量，血液中的糖分和胆固醇含量也会增加。

然而，时至今日……

别说遇到猛兽了，大多数人都待在安全的混凝土建筑内，坐在自己的工位上。

压力的源头也不再是狮子或老虎，而可能是单位领导的喋喋不休。

此刻，身体接收到久违的压力指令，本能地进入"备战"状态。

不会有事的！

火山 爆发

肌肉开始收缩，

血压开始升高，

双手开始颤抖。

瑟瑟发抖

不论是战斗,

还是逃跑,

我们都无法选择。

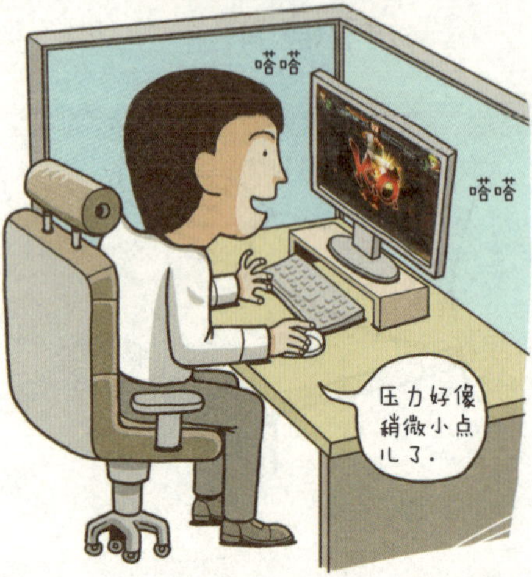

实际上，压力并没有得到有效缓解。

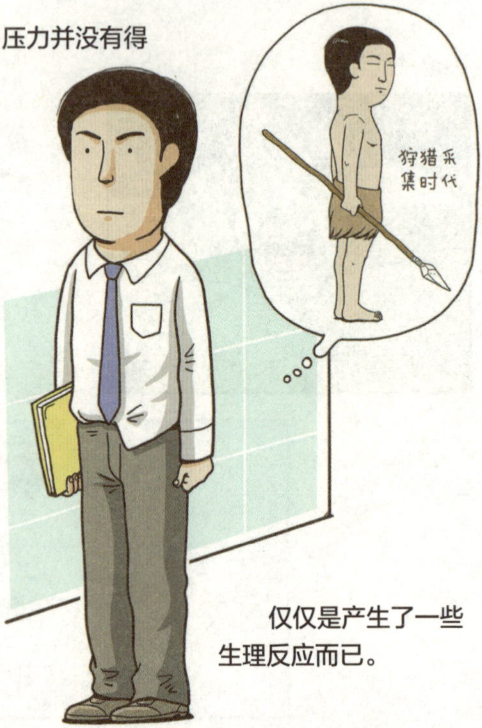

仅仅是产生了一些生理反应而已。

由于身体运转错误，现代人的压力长期得不到释放，这个问题逐步发展成了现代人的通病。

持续性压力无疑给兢兢业业履行供血职责的心脏带来沉重负担。

不但容易引起高血压、

给你开点儿降压药吧！

高血糖和高胆固醇,

> 好奇怪啊,总是尿急。

还会诱发糖尿病和脑卒中。

> 不要吃甜食。

在常有猛兽出没的狩猎时代,

通过改变身体状态，

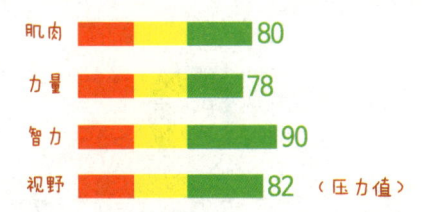

肌肉 ▮▮▮ 80
力量 ▮▮▮ 78
智力 ▮▮▮ 90
视野 ▮▮▮ 82 （压力值）

曾让我们绝处逢生的"压力"，

压力山大

如今在这繁华盛世之中却成了诸多病痛的源头。

无 力

那么，现代人应该怎样应对压力呢？

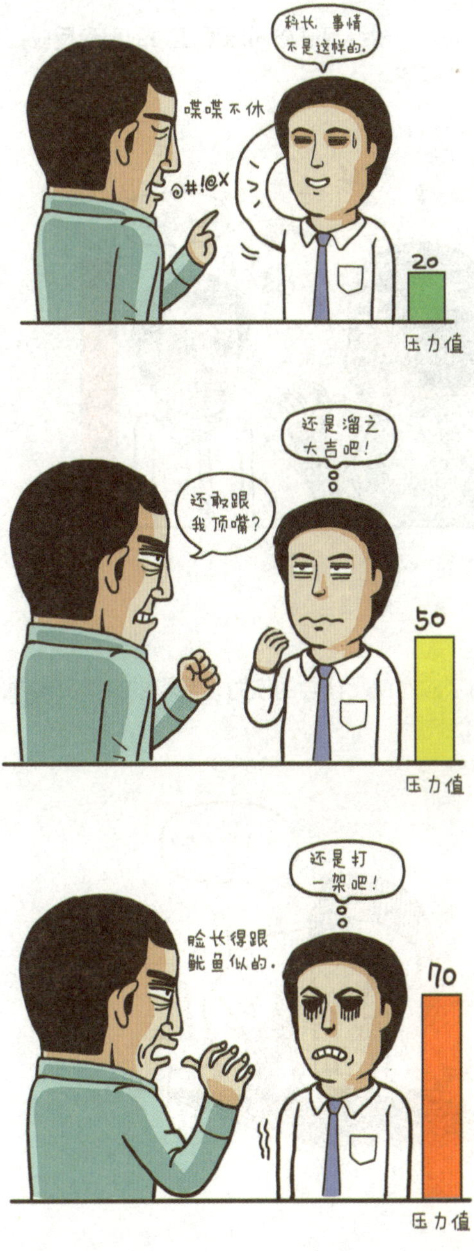

科长，事情
不是这样的。
喋喋不休
@#!@X
20
压力值
还是溜之
大吉吧！
还敢跟
我顶嘴？
50
压力值
还是打
一架吧！
脸长得跟
鱿鱼似的。
70
压力值

显而易见的是，曾经用于应对原始压力的那套反应模式，已经被现代社会淘汰。

"今天是鱿鱼郊游的好日子……"
（韩国组合演唱的歌曲《鱿鱼是外星人》中的歌词）

忍无可忍！

100

压力值

那么，为了应对现代社会的压力，我们的身体又该做出怎样的改变？

我该怎么办？

瘫倒

一直以来，压力都是威胁我们身心健康的一大杀手。据说在遇到压力时，采用"思维转换"的方式，有助于身心健康，这是真的吗？

对于这个问题，斯坦福大学心理学家凯利·麦格尼格尔给出了肯定的答复。

是的！

凯利·麦格尼格尔

在酒店客房部工作的服务员，有一项重要的工作内容，就是更换床垫和棉被，每次工作的时候，都需要不停地弯下腰、直起腰。

呼呼

因此，他们的工作十分耗费体力，是一项辛苦的劳动。

229

这项工作一小时消耗约300千卡。

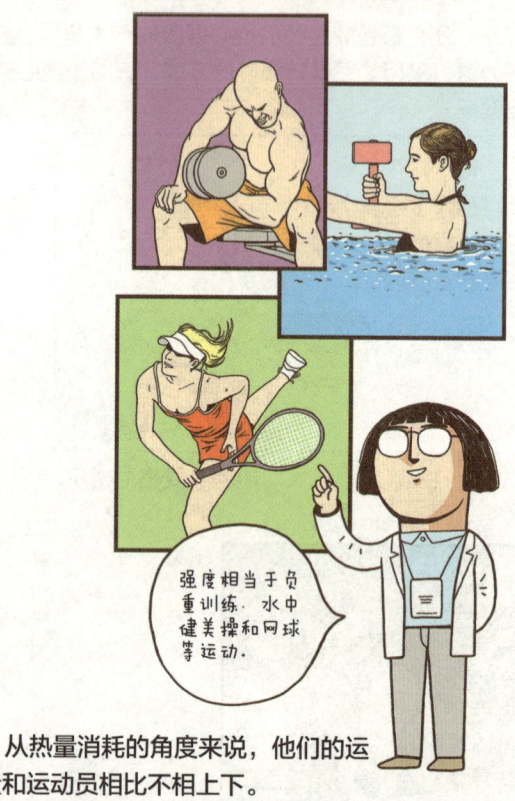

强度相当于负重训练、水中健美操和网球等运动。

从热量消耗的角度来说，他们的运动量和运动员相比不相上下。

那么，每天重复这项体力劳动的客房服务员，身材如何呢？

他们是否像运动员一样拥有结实健美的身材呢?

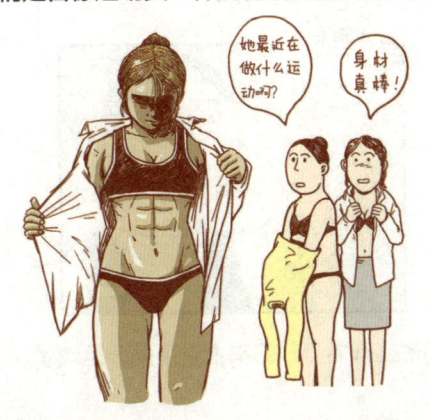

为此,斯坦福大学博士艾莉亚·克拉姆对客房服务员的身体状况做了一项调查。

结果显示,他们的身体状况和久坐的公司职员并没有太大差异。

他们的回答是,"几乎不做运动"。

"我哪有时间做运动啊?"

他们的工作本身就算得上是高强度运动了。

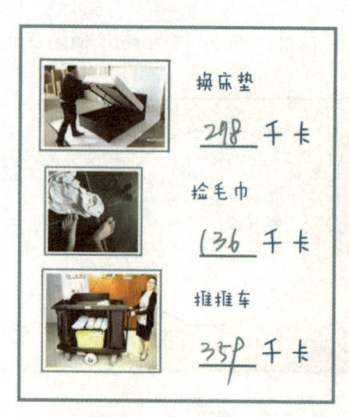

换床垫 298千卡
捡毛巾 136千卡
推推车 358千卡

克拉姆博士将客房服务的能量消耗情况整理成报告,转交给客房服务员。

"怪不得这些活儿这么累……"

此后不久,这些客房服务员的身体出现了惊人的变化。

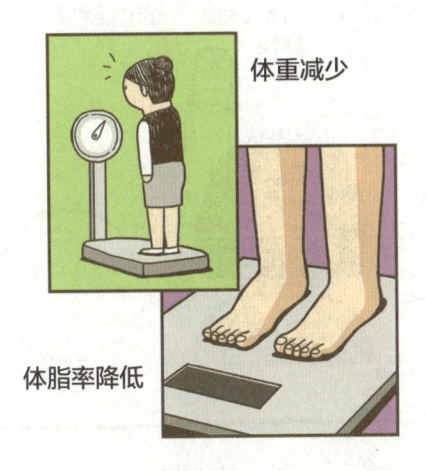

体重减少

体脂率降低

然而他们的运动量与此前相比,没有任何变化。

你最近做运动了吗?

没有!

唯一改变的是"客房服务不是单纯的劳动,而是一项运动"这个想法。

哈佛大学的研究小组也做了一项类似的实验，实验内容就是向实验对象们传递"压力有益"这个信息。

> 我下面要说的内容，请各位认真听。

> 当人体感受到压力，加速跳动的心脏能帮助我们在面对即将到来的困难时，做好万全的准备。另外，急促的呼吸会加速向大脑输送氧气，虽然暂时身处逆境，但大脑却能保持最佳状态。

> 这是真的吗？

实验对象们由此产生了"压力对身体健康有益"的想法。

> 压力也是有好处的嘛。

惊人的结果随之出现。当他们感受到压力时，原本应该收缩的血管却一反常态，依然保持放松的状态。

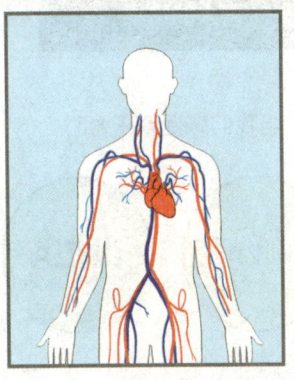

血管保持放松的状态，呼吸和心跳却加快了！

> 这和我们充满斗志时的状态一模一样。

这正是压力背后，不为我们所知的另一面。

除此以外，还有另一个喜人的结果。

当我们感受到压力时，

皮质醇　DHEA

（DHEA英文全称是 dehydroepiandrosterone，中文名为脱氢表雄酮，是一种激素）

体内会产生皮质醇和DHEA两种激素。

当皮质醇含量过高时，身体停止生长，免疫力降低，抑郁感增强。

好郁闷。

相反地，当DHEA含量增加时，神经变性得到控制，免疫力提升，抑郁感减退。

心情好些了。

然而，这两种看似背道而驰的激素，却会在人体感受到压力时同时分泌！

皮质醇　DHEA

在实验对象们了解到压力的好处之后，却告诉他们这种结果。

这不是明摆着耍人吗？

研究人员检测了两种激素的含量。

结果令人欣慰，DHEA分泌量相较之前大幅增加。

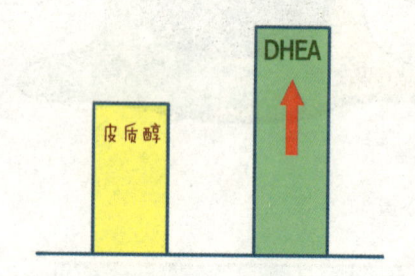

在认识到压力给身体带来的好处之后，

我们的身体就会朝着有益健康的方向分泌压力激素。

肌肉 ▇▇▇ 80
力量 ▇▇▇ 78
智力 ▇▇▇ 90
视野 ▇▇▇ 82 （压力值）

如此说来，压力对身体健康也是有好处的喽？

压力山大

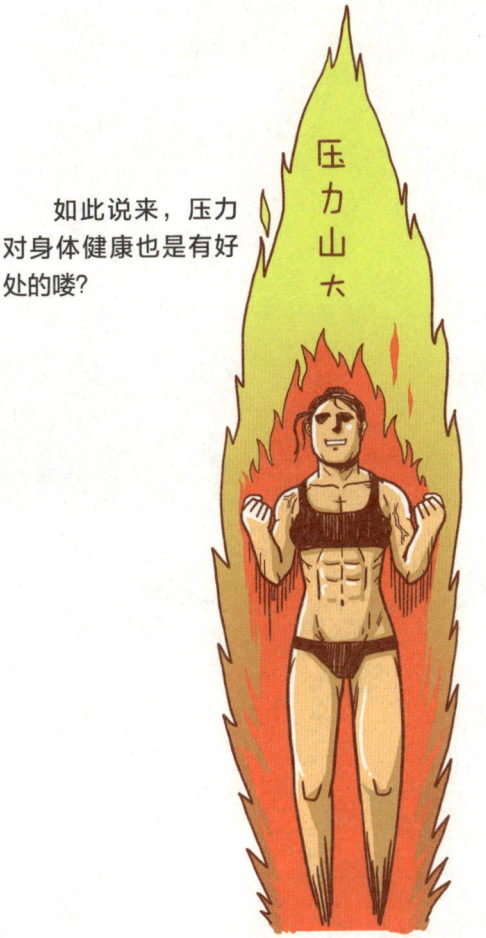

虽然效果因人而异，但是结果毋庸置疑！

完

12

时间：
时间流逝的幻象

时间流逝的速度是始终不变的吗？

电影《星际穿越》讲述的是一个穿过黑洞跨越时空的故事，故事内容颠覆了我们对时间的传统认知。

为了确认有移民可能性的星球是否适合居住，考察队一行前往太空。队员库珀和布兰德等人登上了米勒星一探究竟。

在结束了三个小时险象环生的考察后，他们重新回到飞船上，

却发现留守在飞船上的另一名队员已经老去。

罗米？

怎么会发生这么不可思议的事情？

已经过去了23年．

一维是直线，

———

二维是平面，

三维是立体空间。

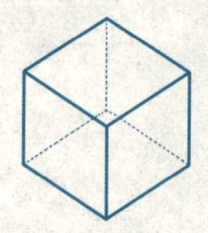

我们身处的世界便是三维空间。

爱因斯坦经研究发现,在我们身处的三维空间内,还连接着另一个维度。

这个维度正是时间。

当我们和朋友相约见面时，

在确定了见面地点之后，切记不要忘了约定见面时间。

因为缺乏时间要素的约定是不完整的，可能导致人们无法顺利见面。

由此看来，我们生活在这样一个由空间和时间共同构成的时空中。即便如此，我们却无法轻易地感知第四维度——时间的存在，这又是为什么呢？

我讨厌数学！
我讨厌物理！

原因正是……

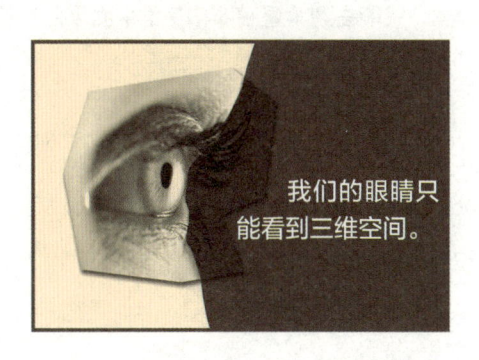

啪

物理

我们的眼睛只能看到三维空间。

假设世界上存在只能看到二维世界的生物。

正方形

三角形

圆形

一天,三维世界的苹果突然出现在它们面前,会发生什么情况呢?

你们好啊!

这是什么玩意儿啊?

在这些二维生物的眼中,苹果就是下图中的那四个点,因为在它们的世界里,只能看到苹果底部和二维平面重合的部分。

无论苹果怎样绘声绘色地描述自己的长相，眼中只有二维世界的生物们还是无法想象三维世界到底是什么样子的。

那么，到底该怎么做，才能让它们了解苹果的真实长相呢？

既然它们只能看到二维平面，那么我们就把苹果的横切面一个一个地排列起来，同时展现在它们面前，这样是否更易于理解？

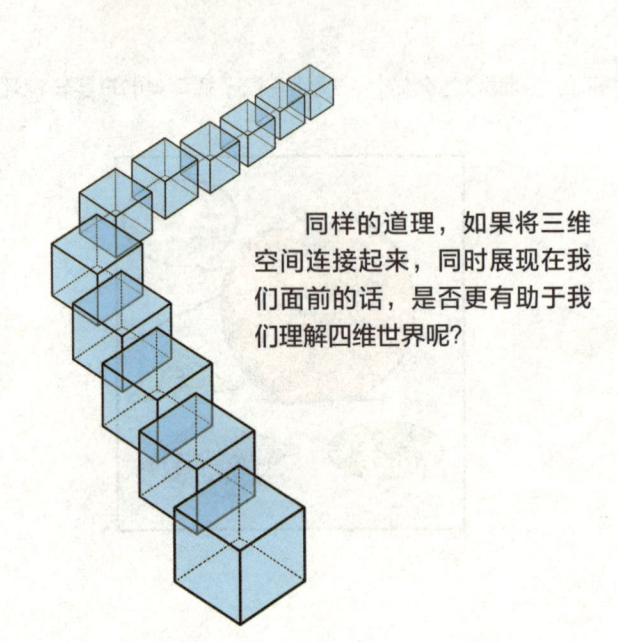

同样的道理，如果将三维空间连接起来，同时展现在我们面前的话，是否更有助于我们理解四维世界呢？

所谓四维空间，就是在三维空间的基础上加上时间这一维度。在正式介绍四维空间之前，我们先来看一看在一维直线的基础上，加上时间维度，即二维时空的景象。

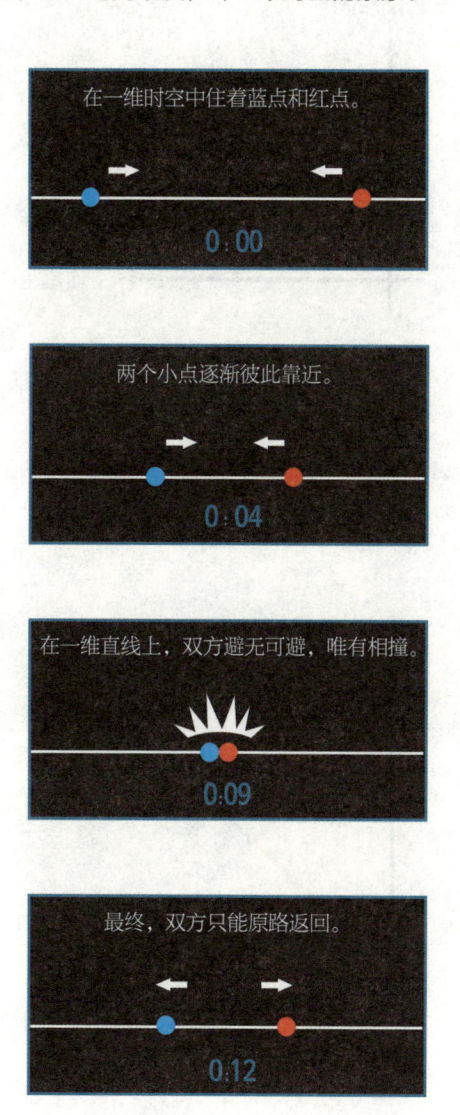

在一维时空中住着蓝点和红点。
0:00

两个小点逐渐彼此靠近。
0:04

在一维直线上，双方避无可避，唯有相撞。
0:09

最终，双方只能原路返回。
0:12

刚刚我们看到的这种景象，该如何在纸上画图说明呢？

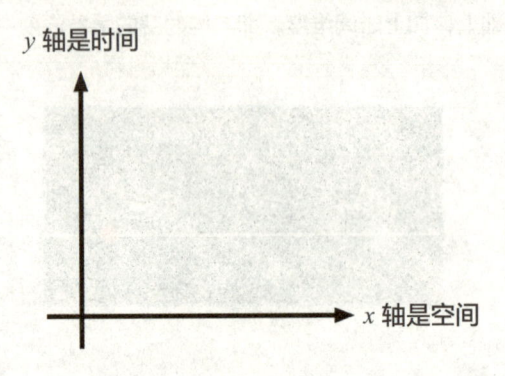

y 轴是时间

x 轴是空间

上图中这个 xy 平面就是蓝点和红点所在的二维时空，而我们所看到的二维时空的景象，正如下图所示。

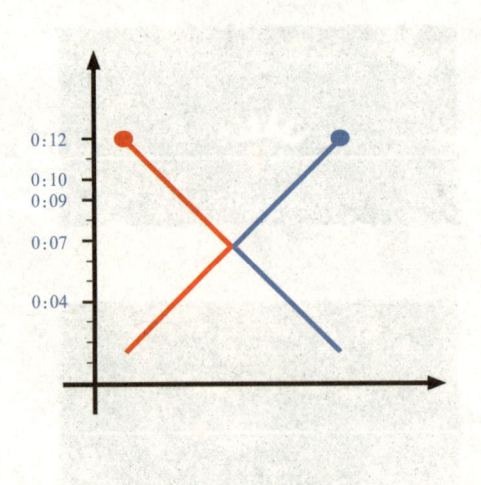

0:12
0:10
0:09
0:07
0:04

这次，我们试着想象一下，有一个炸弹即将在5秒钟之后爆炸。

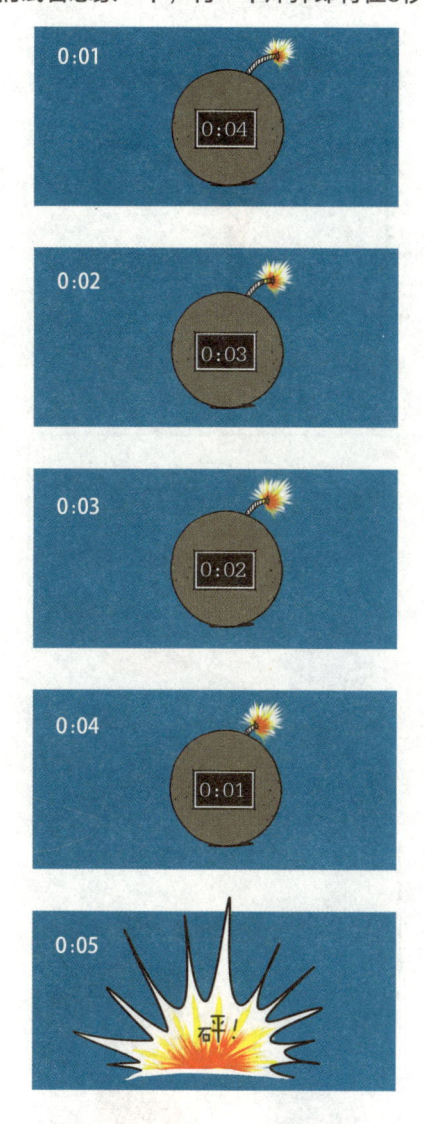

0:01

0:02

0:03

0:04

0:05

对于一维时空的生物而言，这就是一个5秒钟之后会爆炸的炸弹而已，但是在二维时空当中，会出现哪些不同的景象呢？

会出现这样的景象。

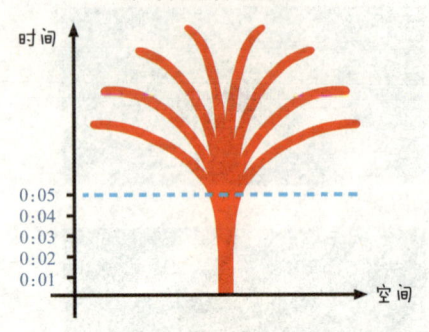

时间

0:05
0:04
0:03
0:02
0:01

空间

二维平面上住着圆形和正方形。我们假设圆形一直原地不动，而正方形不断变换位置。

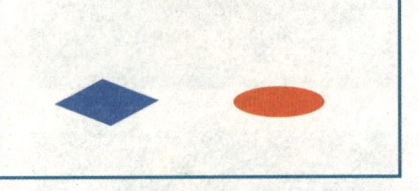

下图是增加了时间这一维度之后，所呈现的三维空间中的景象。

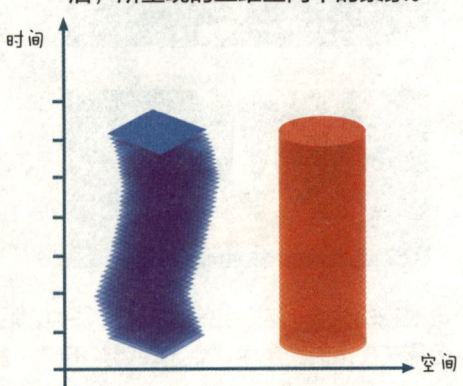

时间

空间

因为我们能看到三维空间，所以在二维时空的基础上增加了时间维度所形成的三维空间，对于我们而言自然也很好理解。

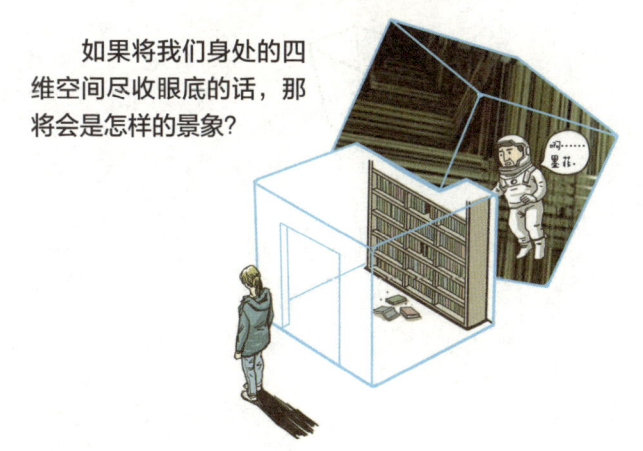

那么，四维空间的神秘之处在哪里呢？

如果将我们身处的四维空间尽收眼底的话，那将会是怎样的景象？

就像前文所讲，我们以红点和蓝点为例，解释了二维时空的含义，现在我们假设在神秘的四维空间之中，图中这个人一整天都在移动。

在这个人所处的三维空间的基础上，

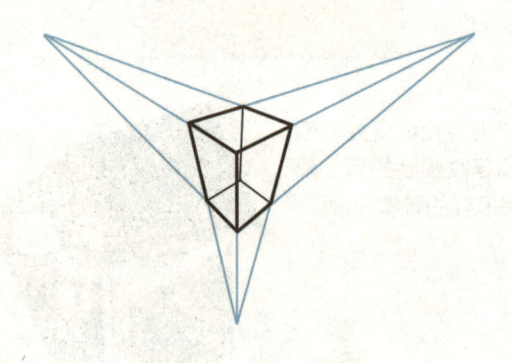

我们再加上时间这一维度，所形成的四维空间会呈现以下景象。

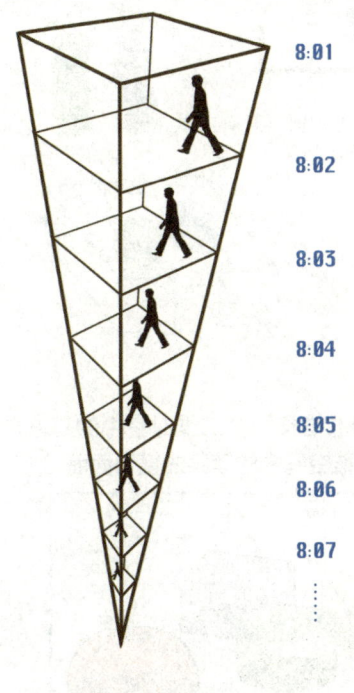

8:01
8:02
8:03
8:04
8:05
8:06
8:07

事实上，人类并不能将四维空间的景象尽收眼底。因此，在"现在"这个主观视角下，我们平时只能看到三维空间。

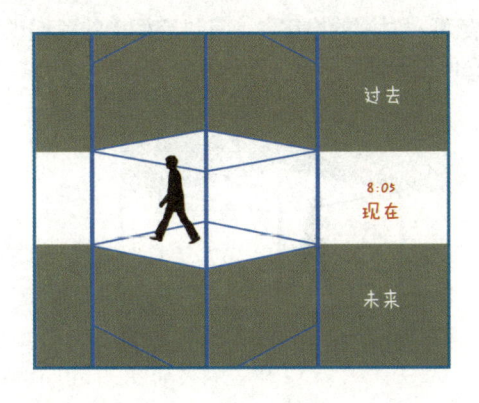

过去

8:05
现在

未来

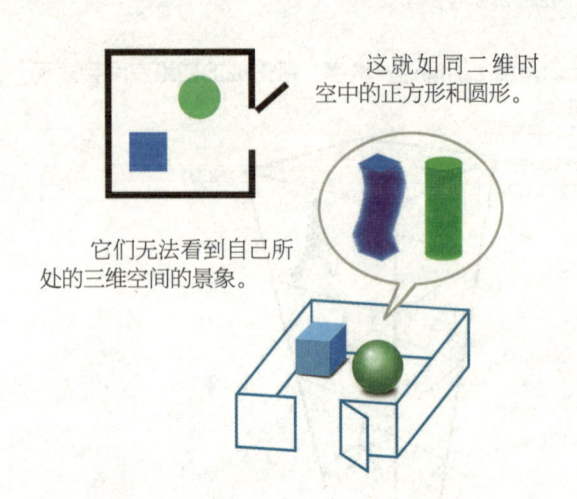

这就如同二维时空中的正方形和圆形。

它们无法看到自己所处的三维空间的景象。

随着"时间的推移",二维时空中的正方形、三角形和圆形只能看到三维空间中的苹果的横切面而已。

同样,随着"时间的推移",三维空间中的我们也只能窥探到四维空间的一角。

当二维时空中的正方形、三角形和圆形看到三维空间中的苹果的横切面时，也许会这么想吧。

"原来苹果就是一个不规则的圆形啊！"

它们自始至终也不会料到，自己的真实身份竟是正方体、三棱柱和圆柱体。

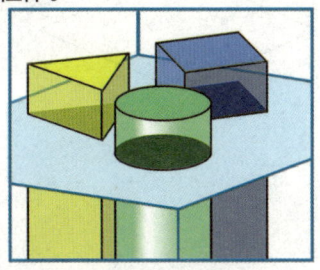

另外，前面我们频频提及的"时间"这一概念，实际上与我们的传统认知也有差异，时间并非"始终保持匀速运动"。

所谓时间，其实是我们创造出来的幻象，它虽然不是真实存在的，却让我们明白了什么是斗转星移，什么是沧海桑田。

虽然我们通常将时间和空间作为两个不同的概念来理解，但就像一维的直线组成了二维平面，

二维平面又组成了三维立体空间。

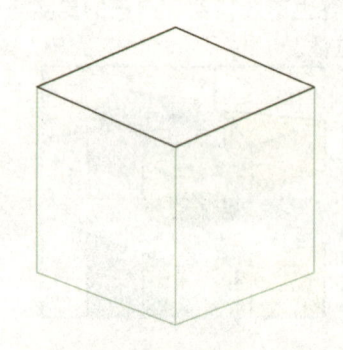

时间和空间一样，也属于一种维度。

三维空间随着"时间推移",就变成了四维空间,也就是说,在三维空间的基础上,加上时间维度,就形成了四维空间。而我们现在正身处于四维空间当中。

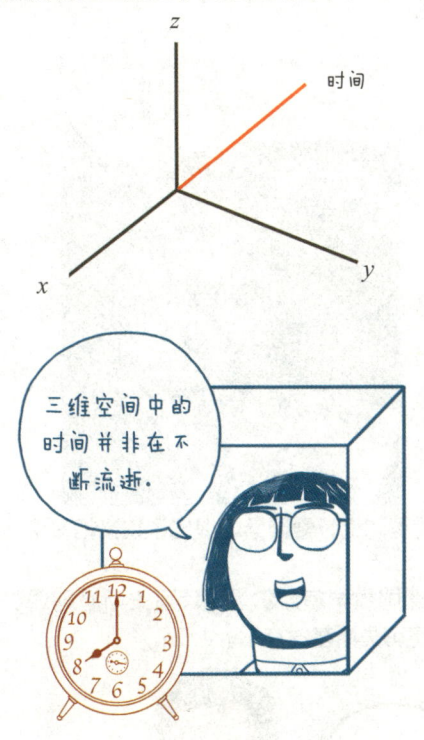

三维空间中的时间并非在不断流逝。

而是三维空间本身在不断地向下一个三维空间过渡。

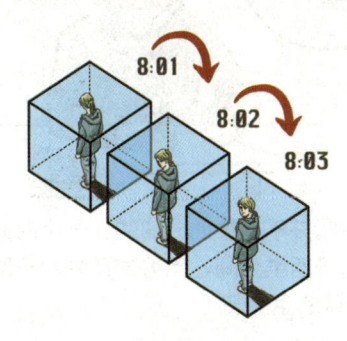

最初发现时间和空间有关联性的人是爱因斯坦。

> 时间不是绝对的，它会随着运动速度的改变而发生变化。

1905年

狭义相对论 爱因斯坦

在此基础上，爱因斯坦提出了狭义相对论。

随后，德国数学家赫尔曼·闵可夫斯基则通过数学公式推导出了"闵可夫斯基时空"。

> 这有什么大不了的？对我来说，不过是小菜一碟。

时间和空间并不是彼此分离的，一个时间维度和三个空间维度，组成了四维空间。闵可夫斯基对于时空的表述在历史上具有里程碑的意义。

爱因斯坦在认识到"闵可夫斯基时空"的重要意义之后,

就这么定了！我要发展广义相对论。

广义相对论
爱因斯坦

成功揭示了引力的奥秘。

我们假设这块蓝色的布就是时空。

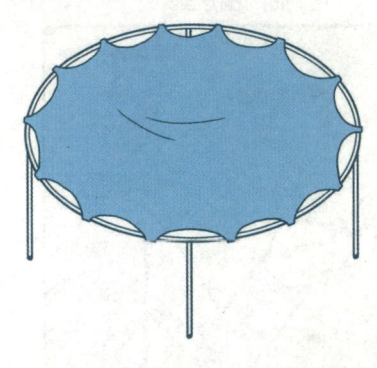

如果将一个和太阳同等质量的物体放在这块布上，

就会形成一个凹陷的曲面，

而周围这些

质量较小的物体,

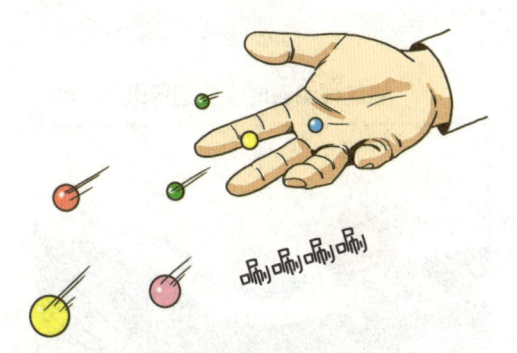

会顺着这个曲面持续转动,

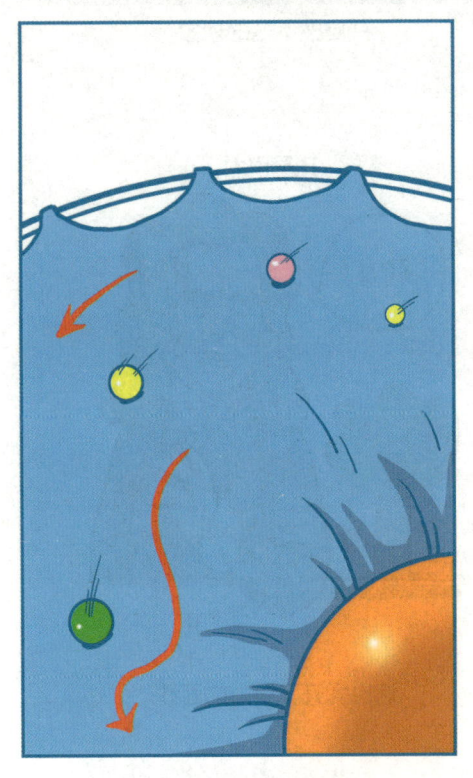

最后自然下落。

像这样沿着时空曲面行进

并自然下落的现象，

正是引力。

引力！

←牛顿

这也揭开了引力的面纱。

我们知道,

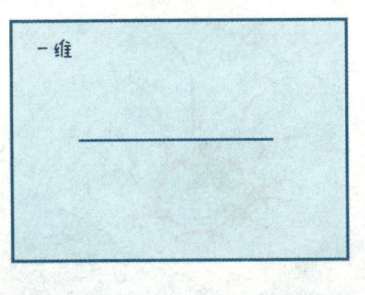

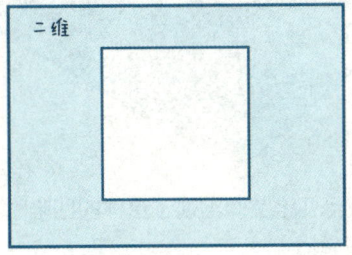

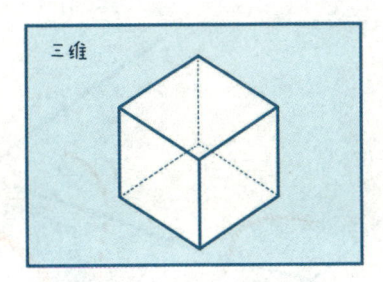

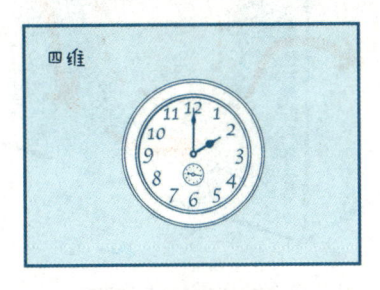

一维

二维

三维

四维

时间是组成四维空间的一个维度。

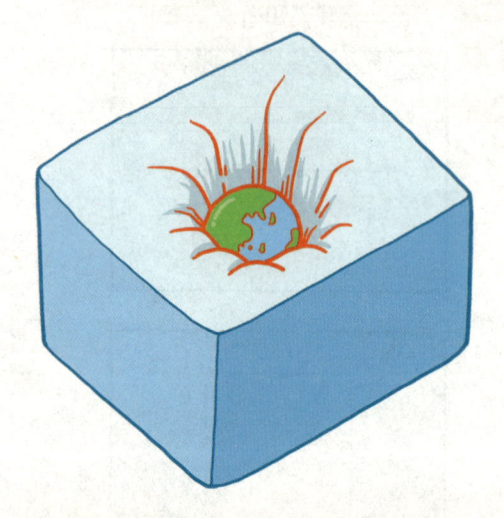

那么，当四维空间出现了这样的凹陷时，

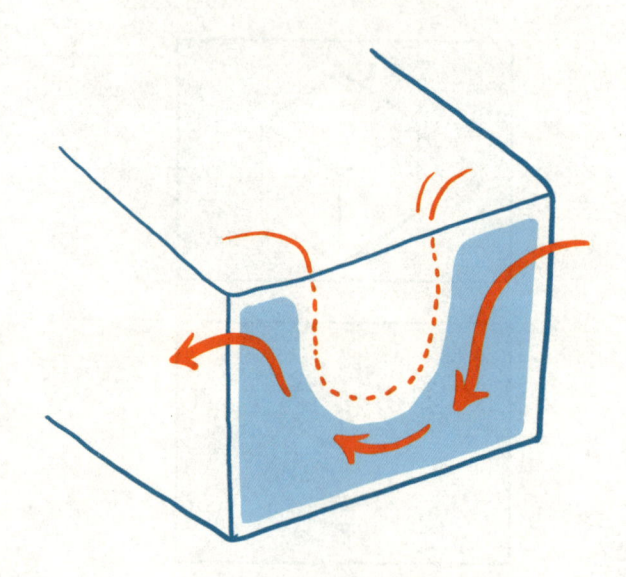

时间又会发生怎样的改变？

在电影《星际穿越》中，库珀和布兰德前往的米勒星是一颗紧邻黑洞的行星。

众所周知，黑洞的质量极大。

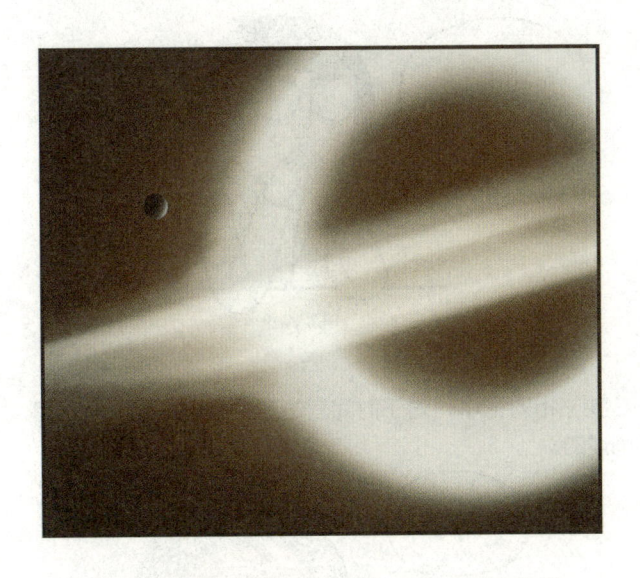

黑洞的质量可能超过太阳1亿倍，实力不可小觑。

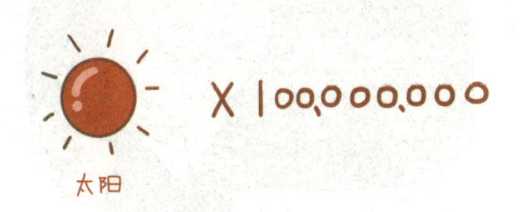

太阳 × 100,000,000

由于黑洞的挤压，时空严重凹陷。

黑洞

时空

这一现象又是如何引起时间差的呢？

在狭义相对论中，对于时间差的产生原理，爱因斯坦是这样阐述的。

是说时间差，对吧！

根据狭义相对论……

在静止的火车上，向两个不同的方向发射光线。

此时，站在火车外的观测者，看到光线是同时到达的。

但是，假设此刻火车正向右快速行驶……

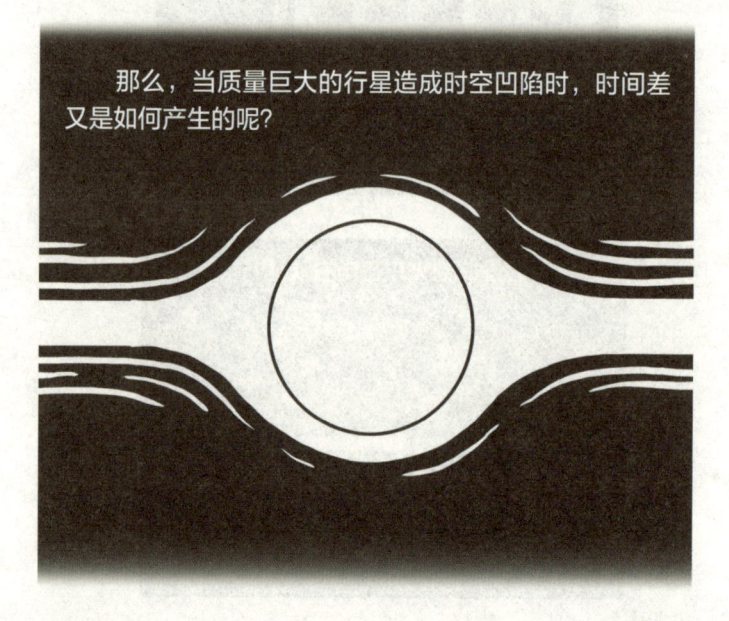

这时你就会发现，同时发射的两束光线，左侧的光线比右侧的光线快一步到达。由此，就产生了时间差。

火车

光线

因为光速是恒定不变的，所以出现这一现象只是一种错觉。

那么，当质量巨大的行星造成时空凹陷时，时间差又是如何产生的呢？

此时，地球不负众望，顺利荣登该宝座。

> 由于地球的挤压，时空会产生一个凹陷的曲面……

时空曲面

虽然光速是恒定不变的，但是在光线的运动轨迹上出现了地球，地球的质量就会导致时空凹陷。

在这种情况下，光线从 A 点移动至 B 点，

A ⟶ B

相较于没有地球的情况，会花费更长的时间。

A ⟶ ● ⟶ B

> 这样的话，要迟到啦！

因此产生时间差。

在电影中,库珀一行很清楚米勒星附近的巨大黑洞会引发严重的时间差。

> 为了保持飞船时间和地球时间同步,罗米所在的飞船必须尽可能远离黑洞。

但是,具体会产生多大的时间差,他们掌握的信息并不是很准确。

> 已经过去了23年。

通过准确的计算可知,在米勒星时,时间流逝的速度十分缓慢,仅为地球的 $\frac{1}{61320}$。也就是说,米勒星上的1小时等于地球上的7年,在米勒星上待2秒钟,地球上的时间就已经过去了20个小时。

光速恒定不变。

发生变化的是时空。

假设地球外有一颗人造卫星在围绕地球公转。

正沿着时空的曲面下落

弯曲

人造卫星上的时钟比地球上的时钟走得更快。

9:56

1:32

相反,在时空凹陷最严重的地核位置,

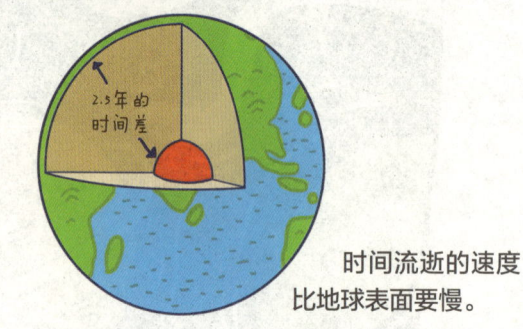

2.5年的时间差

时间流逝的速度比地球表面要慢。

另外，还有太阳，它的质量远大于地球。

4万年

而太阳核心相较太阳表面，时间整整慢了4万年。

纵览整个宇宙，时间流逝的速度千差万别。

当未来某一天，人类可以在太空自由旅行的时候，

我们又该如何约定见面时间呢？

江南站早6点吗？

时间只是幻象。

完